Heidi Grund-Thorpe

Deko-Ideen für draussen

SCHNELL · EINFACH · ORIGINELL

Weltbild

Inhalt

Frühling

Frühlingsgirlande 4
Melodische Kuh 7
Osterkrone 9
Bayrischer Palmstecken 10
Hase im Korb 13
Pflanzen im Birkennest 14
Hochzeitsherz 17
Briefträger mit Tasche 18
Storch im Nest 21
Korkenzieherlampe 22
Miniaturteich 23
Füllhorn mit Moos 25
Schale im Asia-Look 26
Hübsche Steckkugeln 27
Maibaum der Familie 28

Sommer

Willkommen mit Herz 30
Sonne, Licht und Farbe 31
Küchenvogelscheuche 32
Kunterbunte Übertöpfe 35
Fröhlicher Gärtner 36
Vogeltränke mit Mosaik 39
Hahn mit Windrad 40
Peppige Blumenampel 43
Fesche Blumenresi 44

Herbst

Herzen aus Heu	47
Sitzplatz für Pflanzen	48
Gemüsebogen	50
Hortensiendame	51
Clematisrankenherz	53
Besen mit Laubrock	54
Erntekrone aus Stroh	57
Halloween-Figur	58
Blumenkürbis	60
Leuchtende Glitzerketten	61
Rute als Herbstgesteck	63
Blättertopf mit Laterne	64

Winter

Apfel und Birne	66
Restaurant zum Vogelwirt	67
Dekorative Rankkugeln	68
Edles Korb-Arrangement	69
Kranz mit Holzkerzen	71
Draht-Tannenbäumchen	72
Grüße aus dem Winterwald	75
Kranzpyramide	76

Vorlagen	78
Stichwortverzeichnis	80
Über dieses Buch	80

Frühlingsgirlande

Der Frühling ist da! Mit dieser zauberhaften Topfdekoration, in der sich Hühner, Häschen und Blumen um eine Spirale aus Buchsbaum scharen, hält er Einzug auf Ihrer Terrasse.

MATERIAL

- 5 große Buchszweige
- 1 m langes Rundholz mit 0,5 cm Ø
- Je 3 m orangefarbenes, gelbes und grünes Satinband, 0,5 cm breit
- 10 weiße Marabufedern
- Huhn mit Nest, etwa 10 cm Ø
- Etwa 30 Dekomotive, wie Karotten, Häschen, Hühner
- Zinkeimer oder Blumentopf mit Frühlingsblumen bepflanzt
- Sisaldraht, 2,5 m lang
- Dünner grüner Bindedraht
- 2,5 m dünner Silberdraht
- Heißkleber
- Nagel, Hammer

SO WIRD'S GEMACHT

❶ **Biegen Sie** den Sisaldraht auseinander, und wickeln Sie ihn um den Eimer oder Blumentopf, um ihn in Form zu bringen. Nun schneiden Sie von den Buchszweigen kleine Ästchen mit etwa 5 bis 7 cm Länge ab. Fixieren Sie den Bindedraht durch mehrmaliges Umwickeln an einem Ende des Sisaldrahtes. Formen Sie eine kleine Drahtschlinge, an der Sie die Girlande später aufhängen.

❷ **Legen Sie** drei oder vier Buchszweige auf den Sisaldraht, und umwickeln Sie die Stielenden mit Bindedraht. Dann die nächsten Buchsstiele versetzt darüber legen, sodass die Zweige die Stielenden und die Drahtwicklungen abdecken. Auf die Weise die Girlande bis zum anderen Ende des Sisaldrahtes binden. Dort den Draht durch mehrfaches Umwickeln der Zweige fixieren.

❸ **Stecken Sie** das Rundholz in den Eimer oder Blumentopf. Dann am oberen Ende senkrecht mittig einen Nagel zur Hälfte einschlagen. Hierin die Drahtschlinge der Girlande einhängen. Legen Sie die Girlande spiralförmig um das Rundholz, das Ende liegt auf dem Topf- oder Eimerrand.

❹ **Binden Sie** je ein Ende der drei Satinbänder am Nagel fest. Dann nehmen Sie das orangefarbene Band und wickeln es von oben nach unten um die Girlande. Etwa 50 cm unterhalb der Rundholzspitze verknoten Sie es mit der Girlande und ziehen es zurück nach oben zum Nagel. Dort ebenfalls verknoten und das Ende herabhängen lassen.

❺ **Nun nehmen Sie** das gelbe Band, ziehen es nach unten und beginnen die Girlande ab etwa 40 cm Länge damit zu umwickeln. Etwa 60 cm unterhalb der Rundholzspitze zurück nach oben zum Nagel ziehen. Verknoten und das Ende herabhängen lassen. Mit dem grünen Band verfahren Sie genauso mit etwas Abstand zum gelben Band.

❻ **Kleben Sie** die Dekomotive mit Heißkleber auf die Girlande. Dann die Marabufedern wie eine Kette in den Silberdraht wickeln und locker um die Spirale legen. Zum Schluss die Henne mit dem Nest auf die Rundholzspitze in den Nagel drücken.

Melodische Kuh

Kühe strahlen einen wohltuenden Gleichmut aus. Dieses Exemplar singt zudem noch leise im Wind und ist damit die ideale Gesellschaft, um zu träumen und abzuschalten.

MATERIAL

- 25 x 22 cm Fichtenleimholz, 18 mm dick
- Kleines Glockenspiel mit runder Aufhängung, etwa 3 cm Ø
- Beilagscheibe mit 3 cm Ø
- 3 Holzschrauben, Nylonschnur
- Stärkerer Draht, Schere, Holzleim
- Holzbohrer mit 7 mm Ø
- Rest weißes und schwarzes Baumwollgarn, Kartonrest
- Acryllack in Weiß, Schwarz und Hautfarbe
- Schwarzer und roter Filzstift
- Kohlepapier, Bleistift, Lineal, Pinsel
- Stich- oder Laubsäge, Schleifpapier
- Vorlage Seite 79

SO WIRD'S GEMACHT

❶ **Vergrößern Sie** die Vorlage unter dem Kopierer. Dann übertragen Sie das Motiv mit Kohlepapier auf die Holzplatte. Zeichnen Sie außerdem vier Beine mit je 5 cm Länge und 2 cm Breite auf. Nun alle Teile mit der Stich- oder Laubsäge aussägen. Anschließend schleifen Sie die Kanten mit Schleifpapier glatt.

❷ **Bohren Sie** für die Aufhängung der Beine die Löcher in den Bauch an den mit »o« bezeichneten Stellen. Außerdem Löcher in die Mitte der Beinleisten mit 0,5 cm Abstand zum Rand bohren. Für den Schwanz ein senkrechtes Loch etwa 1,5 cm tief an der markierten Stelle mittig in die Brettkante bohren.

❸ **Grundieren Sie** den Körper und Kopf sowie die vier Beine der Kuh beidseitig mit der weißen Farbe, dabei sparen Sie die Hörner aus. Nach dem Trocknen das Euter und die Schnauze sowie das Innere der Ohren mit Hautfarbe ausmalen. Nun noch die Hufe und die Flecken der Kuh mit Schwarz aufmalen. Mit dem schwarzen Filzstift zeichnen Sie die Augenlider und die Pupillen auf, mit dem roten die Nasenlöcher und das Maul.

❹ **Legen Sie** die Beilagscheibe unter den Aufhängering des Glockenspiels, diesen unter das Euter. Drehen sie eine Schraube von unten durch das Loch in der Beilagscheibe senkrecht in das Euter.

❺ **Nun schneiden Sie** vom Draht vier je 10 cm lange Stücke ab. Stecken Sie je ein Drahtende durch die Bohrung am Bein und weiter in eine Bohrung am Bauch. Auf der Rückseite miteinander verdrehen.

❻ **Für den Schwanz** das schwarze und weiße Garn etwa 15 Mal um einen 12 cm breiten Karton wickeln, die Fäden auf einer Seite aufschneiden, aufeinanderlegen und von der Bruchkante her mit einem schwarzen Faden dicht an dicht bis in zwei Drittel Höhe fest umwickeln, dann verknoten. Den Schwanz in das Bohrloch kleben. Zur Aufhängung Schrauben in die Rückseite drehen und Nylonschnur daran knoten.

Osterkrone

Hier werden Ostereier einmal auf eine etwas andere Art präsentiert und als Krone in ein edles Gesteck eingearbeitet. Auch ein prima Mitbringsel für eine Einladung zu Ostern.

MATERIAL

- 2 große Buchszweige
- 32–36 ausgeblasene weiße Eier zur Hälfte in Gelb, zur anderen Hälfte in Hellblau gefärbt oder farblich entsprechende Kunststoffeier
- 1 Drahtkugel mit Vierteldrähten, etwa 40 cm Ø
- Je 5 m gelbes und hellblaues Satinband, 0,5 cm breit
- 0,8 m langes Rundholz mit 0,5 cm Ø
- Korb mit niedriger Frühlingsbepflanzung in Grün und Gelb
- Mittelstarker Basteldraht
- Bindedraht
- Dünner Nagel, Hammer

SO WIRD'S GEMACHT

❶ **Schneiden Sie** vom Basteldraht zwei etwa 1,30 m lange Stücke ab, und markieren Sie sie jeweils mittig mit einem Knick. Die Markierungen mit Bindedraht über einem Kreuzungspunkt der Drahtkugel fixieren. Die Rundung der Kugel mit den beiden Basteldrähten nachformen, diese anschließend zwischen den Drähten der Kugel hängen lassen.

❷ **Schneiden Sie** von den Buchszweigen etwa 5 bis 7 cm lange Ästchen ab. Diese werden auf die Drähte der Drahtkugel gebunden. Umwickeln Sie dafür zunächst einen Kreuzungspunkt mehrfach mit Bindedraht, bis er fest sitzt. Legen Sie drei Buchsästchen um den Draht der Kugel, und umwickeln Sie die Stielenden fest mit Bindedraht. Die nächsten Ästchen legen Sie leicht versetzt über die vorherigen. Die Wicklungen an den Stielenden dabei überdecken. Setzen Sie das Umbinden der Kugel mit den Buchsästchen so lange fort, bis alle vier Vierteldrähte der Kugel vollständig bedeckt sind.

❸ **Schieben Sie** auf jeden Basteldraht im Wechsel je 8 bis 9 hellblaue und gelbe Eier, und fixieren Sie die Enden der Drähte vorsichtig durch Wicklungen am unteren Kugelkreuz. Bei ausgeblasenen Eiern müssen Sie hierbei mit viel Fingerspitzengefühl arbeiten, da diese sehr leicht brechen. Nun binden Sie zwischen die Eier im Wechsel Schleifen aus gelben und hellblauen Satinbändern.

❹ **Schlagen Sie** den Nagel senkrecht zur Hälfte in die Spitze des Rundholzes ein, und hängen Sie das Kreuz der Drahtkugel daran ein. Zur Sicherheit können Sie Nagel und Kreuz zusätzlich mit Bindedraht umwickeln. Dann binden Sie etwa 40 cm lange Satinbänder an den Nagel und lassen sie dekorativ herabhängen. Zum Schluss wird das Rundholz mitten in die Korbbepflanzung gesteckt.

TIPP

Natürlich können Sie auch marmorierte oder mit Serviettentechnik beklebte Eier, die farblich aufeinander sowie auf die Korbbepflanzung abgestimmt sind, auf die Basteldrähte fädeln.

Bayrischer Palmstecken

In Niederbayern werden die Palmstecken nach einer alten Tradition geschmückt. Aber auch anderswo sind die bunten Stöcke eine wunderschöne österliche Dekoidee.

MATERIAL

→ Besenstiel
→ 30 bis 50 cm lange Zweige von Thujen, Wacholder, Buchs und Weidenkätzchen
→ 10 bis 15 ausgeblasene und gefärbte Eier oder farbige Kunststoffeier
→ Schaschlikspieße
→ Je 3 m gelbes und weißes Satinband, etwa 0,5 bis 1 cm breit
→ 5 m blau-weißes Schleifenband, 3 cm breit
→ 2 Bögen gummiertes grünes Glanzpapier
→ 2 Äpfel
→ 50 cm langes Rundholz mit 0,5 cm Ø
→ Heißkleber, Bindedraht

SO WIRD'S GEMACHT

❶ **Fixieren Sie** den Anfang des blau-weißen Schleifenbandes an einem Ende des Besenstiels mit Kleber. Dann wickeln Sie es leicht schräg mit festem Zug, ohne Zwischenräume freizulassen, bis zum anderen Ende des Besenstiels. Dort wieder mit Kleber fixieren und abschneiden.

❷ **Schneiden Sie** von den Querkanten des gummierten Glanzpapiers 1 bis 1,5 cm breite Streifen ab. Biegen Sie den ersten Streifen zum Ring, und kleben Sie die Enden aufeinander. Den nächsten Streifen dort einhängen und auch ihn zu einem Ring aufeinander kleben. Dabei liegt immer im Wechsel einmal die gummierte weiße und einmal die glänzende grüne Papierseite außen. Arbeiten Sie so eine möglichst lange Kette.

❸ **Fixieren Sie** das Rundholz am oberen Ende des Besenstiels mit Bindedraht. Dann im Wechsel Thujen-, Wacholder-, Buchs- und Weidenkätzchenzweige leicht schräg nach außen weisend rund um den Besenstiel legen und die Stiele der Zweige mit Draht umwickeln. Die nächsten Zweige legen Sie im Wechsel etwa 3 cm nach unten versetzt darüber und umwickeln auch diese mit Draht. Wiederholen Sie diesen Vorgang immer wieder, bis ein dichter Busch entstanden ist. Unten können Sie die Enden der Zweige mit kurzen grünen Zweigen verdecken, die einfach darüber gewickelt werden.

❹ **Spießen Sie** die Eier auf Schaschlikspieße, und fixieren Sie sie mit Kleber. Dann zwischen die Zweige stecken. Binden Sie etwa 20 bis 30 cm lange Satin- und blau-weiße Schleifenbänder in die Zweige, und drapieren Sie die Papierkette dekorativ dazwischen. Zum Schluss werden die beiden Äpfel oben auf das Rundholz gespießt.

TIPP

Verzieren Sie Ihren Hauseingang oder Ihren Vorgarten am Palmsonntag mit dem Palmstecken. Sie brauchen den Besenstiel nur in die Erde oder in einen bepflanzten Kübel stecken.

Hase im Korb

In der Osterzeit ist der bepflanzte Korb mit dem modellierten Hasen ein schöner Schmuck auf einem Tischchen auf der Terrasse oder dem Balkon.

MATERIAL

→ Maschendraht von der Rolle, etwa 2 m lang
→ Dünnes, gesprenkeltes Geschenkpapier in Beige
→ Je 50 cm Satin- und Tüllbänder in Gelb und Grün
→ Gefärbte und bemalte Ostereier
→ Stroh, Korb, Einkaufstüte aus Plastik
→ Narzissen, Krokusse und winterharter Efeu in Töpfen
→ Tapetenkleister, Klarlack, Pinsel
→ Dünner Bindedraht, Drahtschere

SO WIRD'S GEMACHT

❶ **Schneiden Sie** vom Maschendraht etwa 1 m ab, und formen Sie das Stück durch Ineinanderhaken der Kanten zum Zylinder. Diesen auf die Arbeitsfläche stellen und in etwa 25 cm Höhe den Hals durch mehrmaliges Umwickeln mit Bindedraht abbinden. Nun schneiden Sie für die Ohren 50 cm vom Maschendrahtrest ab. Dieses Stück in der Mitte senkrecht bis 10 cm vor den Rand einschneiden. Biegen Sie den Maschendraht beidseitig des Einschnittes nach hinten zur Mitte, und formen Sie daraus zwei Ohren.

❷ **Stecken Sie** die Ohren mit der zusammenhängenden Unterkante in den noch offenen Kopf. Dann den Draht des Zylinders an der oberen Kante über den Ansatz der Ohren biegen, sodass eine ovale Kopfform entsteht. Die Ohren werden zusätzlich mit Draht umwickelt, um sie zu fixieren. Jetzt können Sie durch Herausziehen des Maschendrahtes auf der Vorderseite und durch Eindrücken an den Seiten eine Nase andeuten. Formen Sie die Ohren aus. Am Bauch wird der Ansatz der Arme und Beine gestaltet.

❸ **Schneiden oder reißen Sie** das Geschenkpapier in etwa 4 cm breite und 10 cm lange Streifen, die Sie in den angerührten Tapetenkleister tauchen. Dann die Streifen einander überlappend in drei bis vier Lagen über den Maschendraht legen, sodass der Hase vollständig »bekleidet« ist. Lassen Sie den Hasen über Nacht trocknen. Dann zweimal mit Klarlack überlackieren.

❹ **Jetzt polstern Sie** einen Korb mit Stroh und setzen den Hasen hinein. Hinter den Hasen legen Sie die passend zugeschnittene Plastiktüte in den Korb und arrangieren die Topfpflanzen darüber. Die Töpfe und die Plastikfolie decken Sie nochmals mit Stroh ab. Legen Sie die Eier vor den Hasen, und binden Sie ihm das grüne Satinband um den Hals. Die übrigen Tüll- und Satinbänder zur Schleife binden (→ Seite 21) und mit Bindedraht am Korbrand fixieren.

TIPP

Es macht nichts, wenn Ihnen das Formen des Maschendrahtes nicht auf Anhieb gelingt. Sie können die Form immer wieder ändern!

Pflanzen im Birkennest

Hoch hinaus hat es die Frühlingsbepflanzung hier getrieben. Inmitten eines selbst gebastelten Birkennestes, das auf zwei Ästen steckt, gedeiht sie ganz prächtig.

MATERIAL

- 2 Birkenäste, etwa 1 m lang
- Birkenreisig, etwa 1,5 m lang
- Fertigbeton, Plattenmoos
- Blumenuntersetzer, etwa 35 cm Ø
- Haken und Schnur zum Aufhängen
- Mehrere Hyazinthenzwiebeln sowie Stiefmütterchen oder Hornveilchen im Topf
- Spankorb
- Bindedraht

SO WIRD'S GEMACHT

❶ **Schütten Sie** den Fertigbeton in den Blumenuntersetzer, und geben Sie den Herstellerangaben entsprechend Wasser dazu. Nun die zwei Birkenäste in den Untersetzer stecken. Um sie abzustützen, während der Beton trocknet, umwickeln Sie sie am besten am oberen Ende mit Schnur. Diese dann zu einem Haken führen, der senkrecht über dem Untersetzer an der Decke befestigt ist, und dort fixieren. Wichtig ist, dass die Birkenäste bis zum Trocknen des Betons ihre Position behalten. Ist der Beton fest, können Sie Schnur und Haken wieder entfernen.

❷ **Nun wickeln Sie** das Birkenreisig um die oberen Enden der Äste, sodass eine Art dichtes Nest entsteht. Ist das Reisig lang genug, können Sie die dünnen Enden vorne dekorativ herunterhängen lassen. Falls das Reisig nicht in Form bleibt, fixieren Sie einzelne Stellen mit Bindedraht.

❸ **Lösen Sie** die Hyazinthen aus den Töpfen, und entfernen Sie vorsichtig die Erde. Dann können Sie sie kreisförmig auf das Reisignest legen. Die Wurzeln einfach in das Reisig stecken, sodass sie fixiert sind. In die Mitte des Nestes hängen Sie die Töpfe mit den Stiefmütterchen bzw. Hornveilchen. Decken Sie die Betonplatte am Boden mit Plattenmoos ab, und stellen Sie einen Spankorb mit Topf-Hyazinthen dazu.

❹ **Die Wurzeln** der Hyazinthen im Nest ab und zu mit Wasser besprühen, die Topfblumen können Sie wie üblich gießen.

TIPP

Dieses Birkennest lässt sich ganzjährig immer wieder anders dekorieren. Für die Osterzeit wird es zum Osternest, das Sie mit Eiern, Blumen und einem Hasen ergänzen. In der Mitte fixieren Sie einen kleinen Korb. Im Sommer wirken kleine, in die Äste gehängte Windlichter sehr dekorativ. Zum Blühen bringen Sie das Nest mit einjährigen Sommerblumen, für die Sie einen Topf in der Mitte fixieren. Wer Urlaubsstimmung bevorzugt, arrangiert ein dickes Hanfseil mit Muscheln, Seesternen und kleinen Rettungsringen im Nest. Auch das Schild von Seite 30 können Sie daran befestigen. Im Winter stecken Sie Tannenzweige, vergoldete Ästchen und Kunststoffweihnachtskugeln in das Reisig.

Hochzeitsherz

Ein wunderschönes, persönliches Hochzeitsgeschenk schaffen Sie mit diesem Gesteck, für das Sie das Brautpaar gewiss lange in guter Erinnerung behalten wird.

MATERIAL

→ 0,8 m langes Rundholz mit 0,5 cm Ø
→ 2 Bund Buchszweige
→ 1 Bund weißes Schleierkraut
→ 2 Drahtringe mit je 10 cm Ø
→ 2 weiße Täubchen (Bastelladen)
→ Insgesamt 6 m weiße Tüll- und Satinbänder in verschiedenen Breiten
→ 3 weiße Satinrosen
→ Pflanzkübel mit roten oder weißen Rosen bepflanzt
→ Maigrüner Acryllack, Pinsel
→ Stärkerer Draht
→ Bindedraht

→ **Vorlage Seite 78**

SO WIRD'S GEMACHT

❶ **Lackieren Sie** das Rundholz mit dem maigrünen Lack. Dann formen Sie aus dem stärkeren Draht nach der Vorlage ein Herz. Dabei ziehen Sie den Einschnitt in der Mitte etwa 10 cm nach unten. Dann zerschneiden Sie etwa ein Bund Buchsbaum in ungefähr 8 cm lange Ästchen.

❷ **Umwickeln Sie** das Drahtherz mit den Buchsästchen. Dabei in der Mitte des Einschnittes beginnen, die Stiele der Ästchen sind nach oben gerichtet. Binden Sie den Buchs entlang einer Seite sehr dicht bis zur unteren Spitze, dort verknoten Sie den Bindedraht. Anschließend arbeiten Sie die zweite Herzhälfte ebenso.

❸ **Legen Sie** das Herz so auf das Rundholz, dass der obere tiefe Einschnitt etwas unterhalb der Spitze des Rundholzes liegt. Dann wickeln Sie die unten liegende Herzspitze mit Draht fest auf das Rundholz. Wickeln Sie den Draht entlang des Rundholzes nach oben bis zum Herzeinschnitt. Auch dort die Buchswicklungen und das Rundholz gleichzeitig umwickeln. Das Herz hat nun festen Halt auf dem Rundholz. Jetzt stecken Sie das Rundholz mitten in den Pflanzkübel.

❹ **Nun schneiden Sie** etwa 4 cm kurze Büschel des Schleierkrauts ab und binden diese dicht an dicht um die beiden Drahtringe. Die Ringe leicht auseinander stehend übereinander legen und mit Draht fixieren. Anschließend mit einer dünnen Satinschleife mittig an das Herz binden. Über der Schleife befestigen Sie die zwei Täubchen. Sie sollen mittig mit den Schnäbeln dicht aneinander auf dem Herz sitzen.

❺ **Unten an der Herzspitze** fixieren Sie die drei Satinrosen sowie mehrere Schleifen, deren Enden wie ein Schleier lang über den Topfrand herabhängen, mit Draht. Das zweite Bund Buchsbaum stecken Sie zum Schluss zwischen die Topfbepflanzung.

TIPP

Besorgen Sie einen möglichst schönen Pflanzkübel, denn er bleibt dem Brautpaar erhalten.

Briefträger mit Tasche

An einer geschützten Stelle vor dem Hauseingang aufgestellt, dient Ihnen diese witzige Zaunlattenfigur mit der gelben Posttasche als praktischer Briefkasten.

MATERIAL

→ Zaunlatte, etwa 70 x 9 cm
→ Sperr- oder Leimholz, 20 x 16 cm (Kopf)
→ Fichtenleimholz, 20 x 30 cm, 18 mm dick (Fuß)
→ Hellblonder Langhaarplüsch
→ Gelbes Leder, 30 x 20 cm
→ Acryllack in Blau, Gelb, Hautfarbe, Weiß und Schwarz
→ Filzstifte in Schwarz und Rot
→ Buntstifte in Hellgrau, Hellbraun, Weiß
→ Laub- oder Stichsäge, Schleifpapier
→ Schneiderkopierpapier, Heißkleber
→ Klarlack, Pinsel

→ **Vorlagen Seite 79**

SO WIRD'S GEMACHT

❶ **Übertragen Sie** die Kontur des Kopfes und die Trennlinie vom Gesicht zur Kappe mit Schneiderkopierpapier auf das Brett, und sägen Sie es entlang der Außenkontur aus. Die Kanten schleifen. Fixieren Sie den Kopf so auf der Latte, dass die Kappe oben mit der Latte abschließt. Dann stellen Sie die Latte senkrecht mittig auf den Fuß, zeichnen die Umrisse auf und sägen die Aussparung aus.

❷ **Übertragen Sie** die Begrenzungen des Hemdes auf die Zaunlatte. Gesicht und Hals in Hautfarbe, Kappe und Anzug in Blau, das Hemd in Weiß und den Fuß in Schwarz lackieren. Dabei jede Farbfläche trocknen lassen, bevor Sie die angrenzende bemalen.

❸ **Übertragen Sie** alle Innenzeichnungen. Das Gesicht nach der Vorlage ausgestalten. Nase, Kinn und Lider werden mit hellbraunem Buntstift leicht schraffiert. Die Konturen der Jacke und die Trennlinien von Kappe und Schirm mit weißem Buntstift konturieren. Die Knöpfe, das Postabzeichen und das Hutband mit gelbem Lack ausmalen. Die Krawatte gestalten Sie mit gelbem und blauem Lack, die Kragenkonturen mit hellgrauem Buntstift aufzeichnen. Dann überziehen Sie die gesamte Figur mit Klarlack.

❹ **Schneiden Sie** vom Plüsch von der Rückseite her mit dem Cutter einen 1,5 cm breiten Streifen ab. Diesen direkt unterhalb der Kappe als Haare aufkleben. Den Pony kürzen. Für den Schnäuzer schneiden Sie einen 1 cm breiten Streifen aus dem Plüsch und kleben ihn unter die Nasenlöcher.

❺ **Schneiden Sie** vom Lederstreifen längs ein 1 cm breites Band ab. Das restliche Lederstück quer zur Hälfte links auf links aufeinander legen, dann die senkrechten Kanten zur Tasche aufeinander kleben. Vom abgetrennten Lederstreifen ein 3 cm langes Stück abschneiden, die Enden des restlichen Streifens vorne und hinten mittig als Träger aufkleben, vorn kleben Sie den kurzen Streifen mittig als Riegel darüber. Fixieren Sie die Tasche auf der Schulter des Postboten, und stecken Sie die Figur in den Standfuß.

Storch im Nest

Was gibt es Passenderes für die Geburt eines neuen Erdenbürgers als das Motiv des Klapperstorchs mit einem Kind im Schnabel? Die Eltern werden begeistert sein!

MATERIAL

- 50 x 70 cm Fichtenleimholz, 18 mm dick
- 0,5 m langes Rundholz mit 0,5 cm Ø
- Acryllack in Weiß, Schwarz und Orange, Pinsel
- 0,8 m pastellfarbenes Satinband, 5 cm breit
- Je 1 m Satinband in Rosa, Pink und Grün in verschiedenen Breiten
- 1,5 m weißes Tüllband, 8 cm breit
- Kleines Püppchen, etwa 10 cm lang
- Schühchen, Schnuller, Teddybärchen
- 4–6 Seidenrosen
- Künstliche Ranke mit Margeriten
- Nest aus Reisig oder Reisigkranz mit etwa 30 cm Ø
- Korb oder Blumenkübel mit Steckschaum gefüllt
- Stich- oder Laubsäge, Schleifpapier
- Bohrmaschine mit Bohrer, 0,5 cm Ø
- Schneiderkopierpapier, Bindedraht

- Vorlage Seite 79

SO WIRD'S GEMACHT

❶ **Pausen Sie** das Motiv mit Schneiderkopierpapier auf das Brett, und sägen Sie die Umrisse aus. Die Kanten glatt schleifen. Übertragen Sie die Innenzeichnungen beidseitig auf den Storch. Den Körper weiß, die Flügel und Augen schwarz und den Schnabel orangefarben ausmalen.

❷ **Bohren Sie** senkrecht ein Loch in die Schmalseite des Bauches, und stecken Sie das Rundholz hinein. Dann das Nest oder den Kranz auf den Korb legen und den Storch mittig hineinstecken. In das Tüllband werden Schnuller gehängt, bevor Sie es locker um das Reisig wickeln. Die übrigen Dekoartikel, bis auf das Püppchen, drapieren Sie im Reisig.

❸ **Winden Sie** die Blumenranke über das Tüllband. An der vorderen Ecke fixieren Sie mit Draht eine Schleife aus verschieden breiten Satinbändern in Rosa, Pink und Grün. Zum Schluss das pastellfarbene Satinband mittig um das Püppchen wickeln. Über dem Püppchen und in etwa 15 cm Länge um den Schnabel des Storches verknoten.

TIPP

Schleifen für Gestecke werden nicht geknotet, sondern mit Draht zusammengebunden. Dafür legen Sie das Band in einem etwa 15 cm breiten Zickzack aufeinander, Bandanfang und -ende beidseitig etwas überstehen lassen. Hier wurden verschiedenfarbige und -breite Schleifen im gestuften Zickzack aufeinander gelegt. Umwickeln Sie nun die Mitte der übereinander liegenden Bänderlagen fest mit einem Stück Draht. Abschließend brauchen Sie die Bänder nur noch zu einer Rosette auseinander zupfen.

Korkenzieherlampe

Eine tolle Außenbeleuchtung ist die Lichterkette, die sich um die Äste zweier Korkenzieherhaseln rankt. Diese dienen gleichzeitig als praktische Rankhilfe für Efeu.

MATERIAL

- 2 große Korkenzieherhaseläste
- Weiße Lichterkette für den Außenbereich mit 15–20 Lämpchen
- Efeu im Topf
- Weißer Acryllack
- 10 bis 15 Kirschlorbeerblätter
- Dünner Bindedraht
- Pinsel

SO WIRD'S GEMACHT

❶ **Lackieren Sie** die Korkenzieherhaseläste mit weißem Acryllack. Achten Sie darauf, dass auch die kleinsten Ästchen rundherum weiß bemalt sind. Dann stecken Sie die dicken Enden der Korkenzieherhaseläste in den mit Efeu bepflanzten Topf. Drücken Sie die Äste neben den Efeu tief in die Erde. Den besten Halt haben die Korkenzieherhaseln, wenn Sie sie etwas ineinander verhaken.

❷ **Nehmen Sie** das mittlere Lämpchen der Lichterkette, und befestigen Sie es am obersten Ast der Haselzweige. Die übrigen Lämpchen verteilen Sie gleichmäßig nach unten zum Topfrand entlang der beiden Äste.

❸ **Wickeln Sie** 10 cm lange Bindedrähte um die Stiele der Kirschlorbeerblätter. Das andere Drahtende wird jeweils an einem Haselzweig fixiert. Verteilen Sie die Blätter in den oberen Ästen der Haseln.

❹ **Nehmen Sie** einzelne Efeuranken, und ziehen Sie sie in die Höhe. Oben um einen Korkenzieherast wickeln. Eine Efeuranke lassen Sie dekorativ über den Topfrand hängen.

TIPP

Platzieren Sie das Gesteck so, dass Sie es von innen sehen können. Ein optimaler Platz ist beispielsweise vor der Balkon- oder Terrassentür.

Miniaturteich

Wer sagt denn, dass man für einen Teich immer einen großen Garten braucht? Diese Mini-Ausgabe findet selbst auf dem kleinsten Balkon noch ein Plätzchen.

MATERIAL

→ Großer ovaler Korb, etwa 50 x 70 cm
→ 1 Kiste Plattenmoos
→ Plastikfolie
→ Blumenerde
→ Flache Glasschale mit etwa 20 cm Ø
→ Farn, Zwergbambus, kriechende Zwerggewächse
→ Große Kieselsteine

SO WIRD'S GEMACHT

❶ **Legen Sie** das Plattenmoos mit der Moosseite nach außen an die senkrechten Wände des Korbes. Dann den Korb mit der Plastikfolie auslegen. Füllen Sie Blumenerde darüber, und schneiden Sie die überstehende Folie dicht über der Erde ab.

❷ **Stellen Sie** die Glasschale auf die Blumenerde in den vorderen Bereich des Korbes, und drücken Sie sie etwas hinein. Anschließend pflanzen Sie rund um die Schale die verschiedenen Pflanzen. Am besten kommen die einzelnen Pflanzen zur Geltung, wenn Sie höhere Pflanzen weiter hinten und niedrigere weiter vorn platzieren. Die Erde und den Rand decken Sie mit Moos ab und legen einige schöne Kieselsteine dazwischen. Zum Schluss füllen Sie die Schale mit Wasser.

Füllhorn mit Moos

Ob am Gartenzaun, dem Balkongeländer oder an die Haustür gehängt, das Füllhorn ist eine wunderschöne Dekoration, für die Sie viel Bewunderung ernten werden.

MATERIAL

- 1,5 m Maschendraht
- 1 Kiste Plattenmoos
- Einkaufstüte aus Plastik
- Blumenerde
- Verschiedene Blüh- und Blattpflanzen, wie Farn, Kletterficus, Efeu, Kalanchoe, Minichrysanthemen etc.
- Dünner Bindedraht, Drahtschere

SO WIRD'S GEMACHT

❶ **Formen Sie** das Füllhorn dreidimensional aus dem Maschendraht, indem Sie zunächst an der Unterkante die Mitte festlegen. Dann nehmen Sie eine Ecke der oberen Drahtkante und ziehen sie zur Mitte. Dabei kegelförmig einrollen. Die Öffnung des Füllhorns sollte etwa einen Durchmesser von 30 bis 40 cm haben. Nun nehmen Sie die zweite Ecke der oberen Drahtkante und wickeln sie über den Kegel. Die Kanten des Füllhorns fixieren Sie durch Einhaken des Maschendrahtes. Geben Sie dem Füllhorn eine schön geschwungene Form, indem Sie den Maschendraht etwas eindrücken.

❷ **Legen Sie** Plattenmoos über die Spitze des Füllhorns, und umwickeln Sie es mit dem Bindedraht. Dann die übrigen Plattenmoosstücke dicht an dicht an die vorhergehenden legen und mit Draht umwickeln, bis das ganze Füllhorn mit Moos bedeckt ist. Am oberen Ende wird auch die Innenseite mit dem Moos umhüllt, da sie sichtbar bleibt.

> **TIPP**
> Wer das Füllhorn auf den Boden legen will, sollte die Plastikfolie für die Bepflanzung bis zum oberen Ende ziehen. Nach dem Bepflanzen decken Sie die Folie zudem mit etwas Moos ab.

❸ **Stecken Sie** die Einkaufstüte so in das Füllhorn, dass sie sich mit Erde füllen lässt. Am besten stecken Sie die Hand in die Tüte, raffen den Boden der Tüte fest zusammen und führen diese dann bis in die Spitze des Füllhorns. Überstehende Tütenränder am oberen Ende schneiden Sie entweder ab oder falten sie nach innen, sodass sie vom Moos verdeckt werden. Füllen Sie die Tüte bis etwa 5 cm unterhalb des Randes mit Blumenerde.

❹ **Hängen Sie** das Füllhorn am Gartenzaun oder an einer Tür auf – so lässt es sich leichter bepflanzen. Dafür die Pflanzen aus den Pflanztöpfen lösen und eingraben. Besonders schön wirkt es, wenn Sie vorn Efeu- oder Ficusranken herabhängen lassen.

> **TIPP**
> Wenn Sie das Plattenmoos einmal in der Woche mit Wasser besprühen, haben Sie mit dem Füllhorn das ganze Jahr einen wirkungsvollen Schmuck, den Sie immer wieder anders bepflanzen können.

Schale im Asia-Look

Durch die gleichmäßige Anordnung und die geometrischen Formen sorgt dieser Miniaturgarten im Asienstil für Klarheit und Ausgeglichenheit auf Balkon oder Terrasse.

MATERIAL

→ 1 Bund Bambus, dünner Bindedraht
→ Quadratischer Tonuntersetzer, etwa 40 x 40 cm groß
→ 2 Bubiköpfe oder Polsterpflanzen
→ 2 quadratische Kerzen
→ Weiße Kieselsteine, Flusskiesel und großer weißer Tuffstein

SO WIRD'S GEMACHT

❶ **Bündeln Sie** jeweils vier oder fünf Bambusstiele mit dem Bindedraht zu zwei Bündeln, die insgesamt 5 cm länger als die quadratische Tonschale sind. Die übrigen Bambusstiele schneiden Sie in 10 cm Länge ab und fertigen daraus durch Umwickeln mit Draht ein großes Bund.

❷ **Stellen Sie** die zwei Polsterpflanzen oder Bubiköpfe in zwei gegenüberliegende Ecken der Schale. Teilen Sie die Schale durch Auflegen der zwei langen Bambusbündel in Drittel. In die Mitte und eine weitere Ecke stellen Sie je eine Kerze, in die vierte Ecke das kurze Bambusbündel. Die Flächen dazwischen dekorieren Sie ebenmäßig mit Steinen.

Hübsche Steckkugeln

Keine Angst, die filigranen Blumen- und Schmetterlingsmotive auf den Gartenkugeln müssen Sie nicht selber malen. Sie werden mit der Serviettentechnik aufgebracht.

MATERIAL

- 2 Kunststoffkugeln mit 11 und 15 cm Ø
- 2 Rundhölzer mit 10 und 15 mm Ø
- Je 2 Servietten mit Schmetterlings- und Kapuzinerkressemotiven
- Bastelhanf in Orange und Grün
- Bast in Orange
- Je 1 m Schleifenband in Orange, Blau, Weiß und Grün, verschieden breit
- Dekoblumen aus Holz
- Künstliche Schmetterlinge
- Acryllack in Weiß, Gelb, Grün und Mittelblau
- Lack für Serviettentechnik, Pinsel
- Küchenpapier oder Naturschwamm
- Bindedraht
- Spitze Schere

SO WIRD'S GEMACHT

❶ **Zum Grundieren** der Kugeln mischen Sie Weiß mit Gelb und Weiß mit Mittelblau zu schönen warmen Pastelltönen. Die beiden Kugeln damit streichen. In die noch nasse Farbe tupfen Sie Gelb oder Mittelblau. Dann entweder mit zerknülltem Küchenpapier oder einem Schwamm so lange in die nassen Farben tupfen, bis die Kugeln jeweils Ton in Ton patiniert sind.

❷ **Lackieren Sie** die Rundstäbe in Grün und Mittelblau, und stecken Sie sie in die Kugeln. Schneiden Sie die Schmetterlinge grob aus den Servietten, entfernen Sie die weißen Papierschichten von der Unterseite, und legen Sie sie auf die blaue Kugel. Streichen Sie so lange Serviettenlack über die Motive, bis sie fest auf der Kugel anliegen. Die Kapuzinerkresse- und Blättermotive ebenso auf die gelbe Kugel aufbringen. Nach dem Trocknen jede Kugel rundherum mit dem Serviettenlack überziehen.

❸ **Drapieren Sie** den grünen Hanf unter der gelben, den orangefarbenen unter der blauen Kugel. Dann die verschieden breiten Schleifenbänder und den Bast mit Schleifen jeweils unterhalb des Hanfes drapieren. Eventuell mit Bindedraht fixieren. Zum Schluss die Schmetterlinge und Holzblumen einstecken oder in die Bänder binden.

Maibaum der Familie

Hier wird ein Familienbaum einmal auf ungewöhnliche Weise präsentiert. Als Miniatur-Maibaum im Blumentopf kündigt er mit seinen fröhlichen Farben den Sommer an.

MATERIAL

- → Strohkranz mit 25 cm Ø
- → 1 Bund Buchsbaumzweige
- → 1 m langes Rundholz mit 0,5 cm Ø
- → Je 3 m blaues, rotes, grünes, weißes und gelbes Satinband, 1 cm breit
- → 3 m blau-weiß gestreiftes Schleifenband
- → Pflanztopf mit frühsommerlichen Blumen
- → Sperrholzrest, 0,5 cm dick
- → Nägel, Hammer, Zange, Pauspapier
- → Gelber Acryllack, Pinsel, Filzstift
- → Stich- oder Laubsäge, Schleifpapier
- → Bindedraht, Heißkleber

- → Vorlage Seite 79

SO WIRD'S GEMACHT

❶ **Schneiden Sie** die Buchszweige in etwa 8 cm lange Ästchen. Zum Binden des Kranzes fixieren Sie den Bindedraht am Strohkranz und legen vier bis sechs Buchsäste dicht nebeneinander auf den Kranz. Die Buchsstiele mit dem Draht umwickeln, dann die nächsten Buchsästchen so darüber legen, dass die vorherigen Wicklungen abgedeckt werden. So weiterarbeiten, bis der Kranz komplett mit Buchs bedeckt ist.

❷ **Fixieren Sie** das gestreifte Band an einem Ende des Rundholzes mit Kleber, und wickeln Sie es schräg bis zum anderen Ende um den Stab. Dort ebenfalls festkleben. Dann die Namensschildchen in der Anzahl Ihrer Familienmitglieder gemäß der Vorlage aus dem Sperrholz sägen. Die Kanten glatt schleifen. Seitlich je einen Nagel einschlagen, bis er genügend Halt hat. Den Nagelkopf knipsen Sie mit einer Zange ab.

❸ **Lackieren Sie** die Schilder gelb und schreiben Sie mit Filzstift die Namen der Familienmitglieder darauf. Dann schlagen Sie das abgeknipste Nagelende in das Rundholz, sodass die Schilder in alle Richtungen abstehen. Auf die Spitze des Rundholzes senkrecht einen Nagel zur Hälfte einschlagen. Jetzt können Sie das Rundholz mittig in einen bepflanzten Blumenkübel stecken.

❹ **Wickeln Sie** vier je 0,50 cm lange Satinbänder um die Kranzviertel. Heben Sie den Kranz an den Bändern hoch, und drücken Sie diese, sobald der Kranz mittig und gerade am Maibaum ausgerichtet ist, auf den Nagel des Rundholzes. Nun binden Sie die übrigen verschiedenfarbigen Bänder so an den Nagel, dass sie auf allen Seiten unregelmäßig lang bis knapp über den Topfrand herunterhängen. Zum Schluss den Nagel mit einem Satinbandrest abdecken.

TIPP

Statt mit Namen können Sie die Schildchen mit guten Wünschen beschriften. So lässt sich das Maibäumchen auch prima verschenken.

Willkommen mit Herz

Ob an der Haustür oder am Gartenzaun montiert, das Herz mit Blume zeigt all Ihren Gästen, dass sie bei Ihnen aufs Höchste willkommen sind.

MATERIAL

- 40 x 40 cm Fichtenleimholz, 18 mm dick
- Reagenzglas mit 18 mm Ø und Blume
- Naturbast
- Acryllack in Blaugrau und Weiß
- 2 Bilderrahmenaufhänger
- Ringschraube mit 20 mm Ø
- Pinsel, Bleistift, roter Filzstift
- Schneiderkopierpapier
- Dünner Holzbohrer und Bohrmaschine, Schleifpapier
- Stich- oder Laubsäge
- 1 m stärkerer Draht

→ Vorlagen Seite 79

SO WIRD'S GEMACHT

❶ **Übertragen Sie** das Herz und den Bogen mit Schneiderkopierpapier von der Vorlage auf das Holz. Entlang der Konturen aussägen und die Kanten glatt schleifen. An den markierten Stellen bohren Sie Löcher. Danach grundieren Sie die beiden Holzteile rundherum mit Weiß. Gut trocknen lassen.

❷ **Lackieren Sie** den Bogen und das Herz mit Blaugrau. Nach dem Trocknen schleifen Sie die Farbe an den Rändern unregelmäßig ab, sodass die weiße Grundierung wieder zum Vorschein kommt. Auf die Weise entsteht der Patina-Effekt. Dann die Schrift von der Vorlage auf den Bogen übertragen. Oder Sie malen sie frei Hand mit Bleistift auf. Anschließend mit rotem Filzstift nachziehen.

❸ **Drehen Sie** die Ringschraube an der vorgebohrten Stelle mittig in das Herz. Danach wickeln Sie den Draht über einen Stift zur Spirale. Diese leicht auseinander ziehen und zweimal in 10 cm Länge abschneiden. Die Enden zu Ösen biegen und in die Löcher des Bogens und des Herzens einhängen.

❹ **Stecken Sie** das Reagenzglas in die Ringschraube, und verzieren Sie es mit Bast. Zum Schluss füllen Sie das Reagenzglas mit Wasser und stellen eine Blume hinein. Als Aufhängung fixieren Sie zwei Bilderrahmenaufhänger auf der Rückseite des Bogens.

Sonne, Licht und Farbe

Das kunstvolle Arrangement für Terrasse oder Balkon ist ganz einfach gemacht. Durch die effektvolle Kerzenbeleuchtung haben Sie selbst abends noch etwas davon.

MATERIAL

- Rosenkugel mit Stab
- Quadratischer Topf mit Sonnenblumenbepflanzung
- Etwa 12 rote Hartriegelzweige (oder Weidenruten)
- Orangefarbener Naturbast
- 8 Grablichter mit rotem Gefäß
- Dünner Bindedraht

SO WIRD'S GEMACHT

❶ **Stecken Sie** die Hartriegelzweige mit ihren dicken Enden in die Ecken des Pflanztopfes. Die Zweige verlaufen dabei schräg nach außen und oben. Stecken Sie zusätzlich zwischen die Eckpunkte noch je einen Zweig im gleichen Verlauf.

❷ **Nun fixieren Sie** einen waagerecht verlaufenden Zweig an einem senkrechten Eckzweig, indem Sie ihn mit Naturbast umwickeln. Die Bastenden lang herabhängen lassen. Binden Sie den waagerechten Zweig an der nächsten Ecke und an dem dazwischen liegenden Zweig ebenfalls mit Bast fest. Verbinden Sie so alle vier Seiten mit einem waagerechten Gerüst.

❸ **Vom Bindedraht** jeweils 80 cm lange Stücke abschneiden und um die oberen Ränder der Grablichter wickeln. An den gegenüberliegenden Seiten verknoten Sie die Drähte in der Umwicklung, die Schlaufe wird dabei in das waagerechte Hartriegelzweiggerüst eingehängt. Die Schlaufen der Grablichter etwas ineinander verdrehen, damit sie fest sitzen. Zum Schluss stecken Sie die Rosenkugel mitten in die Sonnenblumenbepflanzung.

Küchenvogelscheuche

Die aus allerlei Küchenzubehör gebastelte Figur ist eine tolle Begrüßung am Eingang für Essensgäste. Aber auch vor dem Küchenfenster fühlt sie sich pudelwohl.

MATERIAL

- 1 kleiner Muskatkürbis
- Küchensieb mit etwa 15 cm Ø sowie ein kleineres Teesieb
- 2 Holzkochlöffel
- 1 m langes Rundholz mit 1 cm Ø
- 2 Küchenhandtücher mit verschiedenen Mustern
- 3 Motivbackförmchen aus Blech
- Clematisranken
- Blumentopf mit Erde oder Strohballen
- Bast
- Kleber
- Bindedraht

SO WIRD'S GEMACHT

❶ **Bohren Sie** das Rundholz von unten mittig in den Kürbis. Falls die Kürbisschale zu hart ist, können Sie das Loch mit einem Messer vorstechen. Am einfachsten lässt sich die Küchenvogelscheuche verzieren, wenn Sie das Ende des Rundholzes schon jetzt in einen großen, mit Blumenerde gefüllten Pflanztopf oder einen Strohballen stecken.

❷ **Legen Sie** die Clematisranken wie einen Haarkranz um den Kürbis, und fixieren Sie sie punktuell mit Kleber. Das größere Küchensieb wird als Hut auf den Kürbiskopf gesetzt. Dafür schneiden Sie mittig ein Loch in das Sieb, und stecken den Stiel des Kürbisses hindurch. Anschließend führen Sie den Griff des Siebes zur Seite.

❸ **Verbinden Sie** die Kochlöffel zu Armen, indem Sie die Enden waagerecht 6 cm breit aufeinander legen und fest mit Draht umwickeln. Mit diesem Draht können Sie die Arme anschließend am senkrechten Rundholz fixieren. Dafür das Armpaar mittig an das Rundholz halten und mehrfach über Kreuz festwickeln. Sicherheitshalber zusätzlich mit ein wenig Kleber fixieren.

❹ **Legen Sie** ein Küchenhandtuch mit der Schmalseite über die Arme, und ziehen Sie die Ecken nach hinten. Dort am Stoff mit Kleber fixieren. Dann das Handtuch zum Rundholz hin zusammenschieben und auch am Hals mit Kleber fixieren. Das zweite Küchenhandtuch binden Sie zur Hälfte gefaltet oder geschnitten um die Taille. Damit die Schürze nicht rutscht, wird sie am Bund punktuell an das Kleid geklebt.

❺ **Knoten Sie** Bast oder Draht in die Löcher der Backförmchen, und hängen Sie diese an eine Bastschnur. Dort mit etwa 10 cm Abstand zueinander einknoten. Fixieren Sie die Bastschnur an den Armen, und lassen Sie die Förmchen vor dem Körper herabhängen. Das Teesieb stecken Sie in den Bund.

TIPP

Zum Aufstellen lehnen Sie die Vogelscheuche an die Wand. Oder Sie belassen sie gleich im Strohballen oder im Pflanztopf.

Kunterbunte Übertöpfe

Ein Sammelsurium an Töpfen aus unterschiedlichen Materialien lässt sich mit Farbe und etwas Zeit einheitlich gestalten. Hätten Sie es lieber elegant oder poppig bunt?

MATERIAL

- Töpfe und Kästen aus Ton oder Kunststoff, glasiert und unglasiert
- Grundierung für die entsprechenden Materialien (Baumarkt)
- Flachpinsel

Töpfe im Zinklook
- Acrylfarbe in Schwarz und Weiß
- Farbpalette (z. B. Plastikteller)
- Kleiner Naturschwamm

Töpfe im Sixties-Look
- Acrylfarbe in Orange, Grün und Blau
- Kreppklebeband in verschiedenen Breiten

SO WIRD'S GEMACHT

Grundieren Sie die Töpfe mit der entsprechenden Grundierung. Auf unglasierten Tontöpfen können Sie die Farbe direkt auftragen. Die Grundierung gut trocknen lassen.

Töpfe im Zinklook

❶ **Mischen Sie** aus der weißen und schwarzen Farbe einen mittelgrauen Farbton. Am besten geben Sie zuerst viel Weiß auf den Mischteller und dann schrittweise Schwarz dazu. Falls die Farbe für Ihre Töpfe nicht ausreicht, ist das kein Problem, denn durch die später verwendete Stupftechnik mit dem Schwamm verwischt sich der Farbton ohnehin leicht. Streichen Sie den grundierten Topf oder Kasten rundherum und etwa 3 cm breit am inneren Rand bis in etwa der Einfüllhöhe der Erde mit der mittelgrauen Farbe.

❷ **Mischen Sie** nun einen helleren, fast weißen Grauton. Die Farbe mit dem Schwamm aufnehmen, am Rand des Mischtellers mehrmals abtupfen, dann leicht auf die mittelgraue Grundierung stupsen. Probieren Sie es anfangs vorsichtig aus. Ein Zuviel der helleren Farbe können Sie aber durch Auftupfen der dunkleren Farbe ausgleichen. Wichtig ist dabei nur, dass der vorherige Farbauftrag trocken ist.

Töpfe im Sixties-Look

❶ **Lackieren Sie** den Topf in einer Grundfarbe, z. B. den Rosentopf mit Grün oder die flache Schale mit Orange. Nach dem Trocknen umwickeln Sie den Rosentopf von unten her schräg mit etwa 2 cm breitem Kreppband bis nach oben zum Topfrand. Ein etwas schmaleres Kreppband parallel dazwischen wickeln. Den breiteren Zwischenraum mit Orange lackieren, den schmalen mit Blau. Die flache Schale wird mit senkrechten Klebestreifen in verschiedenen Abständen und Breiten beklebt. Dann lackieren Sie die Zwischenräume mit Blau und Grün.

> **TIPP**
> Der »Rostlook« lässt sich ähnlich dem Zinklook mit einer dunkelbraunen Grundierung und aufgestupftem Orange und Goldgelb nachahmen.

Fröhlicher Gärtner

Hier kommt der Mann mit dem grünen Daumen, der als Glücksbringer in Ihrem Garten sicherlich für so manche Blüten- und Gemüsepracht sorgt.

MATERIAL

→ Zaunlatte, etwa 70 x 9 cm
→ Sperr- oder Leimholz, 14 x 17 cm (Kopf)
→ Fichtenleimholz, 20 x 30 cm, 18 mm dick (Fuß)
→ Hellblonder Langhaarplüsch
→ Strohhut mit 20 cm Ø
→ Mehrere Blumenstiele (künstlich)
→ Grüne Kordel, etwa 30 cm lang
→ Acryllack in Hautfarbe, Grün, Olivgrün und Weiß
→ Schneiderkopierpapier, Heißkleber
→ Buntstifte in verschiedenen Farben
→ Filzstifte in Schwarz und Rot
→ Laub- oder Stichsäge
→ Schleifpapier, Klarlack, Pinsel

→ **Vorlagen Seite 79**

SO WIRD'S GEMACHT

❶ **Übertragen Sie** die Kontur für den Kopf von der Vorlage auf das Brett, und sägen Sie ihn aus. Kürzen Sie die Zaunlatte oben um 6 cm, und übertragen Sie die Trennlinien der Bekleidung. Die Latte senkrecht mittig auf den Fuß stellen, anzeichnen und den Ausschnitt aussägen. Anschließend alle Sägekanten glatt schleifen. Den Kopf so auf die Zaunlatte kleben, dass das Kinn in Höhe der engsten Stelle liegt.

❷ **Bemalen Sie** den Kopf und den Hals hautfarben, das Hemd weiß, die Schürze grün und die Hose sowie den Fuß olivgrün. Die Farben gut trocknen lassen.

❸ **Nun übertragen Sie** die Gesichtszüge und gestalten sie farbig aus. Wangen und Nase sind mit rosa Buntstift schraffiert, die Augenschatten und die Augenbrauen in Braunrot. Das Hemd erhält mit rotem Filzstift ein feines Karo. Die Kragenschatten schraffieren Sie grau. Die Schürzentasche und die Trennlinie der Hosenbeine zeichnen Sie frei Hand mit hellgrünem und dunkelgrünem Buntstift auf. Nun können Sie die Zaunlatte in den Fuß stecken und sie rundherum mit Klarlack wetterfest lackieren.

❹ **Schneiden Sie** vom Langhaarplüsch einen 3 cm breiten Streifen aus. Den Streifen in zwei 10 cm lange sowie einen 2 cm und einen 5 cm langen Abschnitt teilen. Die beiden längeren Streifen kleben Sie als Haare von den Ohren bis zum Scheitel, den kurzen 2 cm langen Streifen als Pony über den Scheitel. Der 5 cm lange Streifen wird als Bart unter die Unterlippe geklebt.

❺ **Nun kleben Sie** einige Kunstblümchen als Hutband um den Hut. Setzen Sie den Hut schräg auf den Kopf der Figur, und fixieren Sie ihn dort mit Kleber. Nun binden Sie dem Gärtner die Kordel um den Bauch und kleben sie auf der Rückseite fest – eventuell vorher einige Gartengeräte einhängen. Die restlichen Gartenwerkzeuge sowie ein Stiel Kunstblumen werden einfach vorn in den Kordelgürtel gesteckt.

Vogeltränke mit Mosaik

Das harmonische Mosaik in Blau-Grün-Tönen ist nicht nur für Vögel verlockend, sondern auch eine Zierde für jeden Garten. Wer will, kann es auch als Kerzenuntersetzer benutzen.

MATERIAL

→ Tontopfuntersetzer mit ca. 45 cm Ø
→ 2 Flusskieselsteine in verschiedener Größe
→ Fliesenkleber
→ Fugenbunt in Mittelbraun
→ Packpapier
→ Wasserlöslicher Bastelkleber
→ Je 100 Mosaikfliesen in Blau, Hellblau und Hellgrün sowie je 50 Stück in Grün und Weiß, 1,5 x 1,5 cm groß
→ Je ca. 30 Mosaikfliesen in Dunkelblau, Hellblau, Weiß und Hellgrün, 0,7 x 0,7 cm
→ Schere, Lineal, Zirkel
→ Zahnspachtel
→ Schwamm

SO WIRD'S GEMACHT

❶ **Messen Sie** den Innendurchmesser des Untersetzers, und übertragen Sie den Kreis auf das Packpapier. Schneiden Sie das Papier aus, und überprüfen Sie, ob der Kreis genau in die Schale passt. Auf diesen Kreis werden die Fliesen mit der Oberseite nach unten aufgeklebt, um dann komplett in den Fliesenkleber gelegt zu werden.

❷ **Markieren Sie** die Mitte des Kreises, und falten Sie den Kreis in Viertel oder Achtel – so haben Sie für das Muster einen Anhaltspunkt für den Rapport. Nun legen Sie von der Mitte aus das Muster in Ringen. Dabei empfiehlt es sich, ganz innen die engeren Kreise mit den kleineren Mosaiksteinen zu Rundungen aufzufüllen. Gefällt Ihnen das Muster, dann kleben Sie jeden einzelnen Stein von innen nach außen mit dem Bastelkleber auf das Papier. Dabei darauf achten, dass die Oberseite der Steine aufgeklebt wird. Lassen Sie den Kleber am besten über Nacht trocknen.

❸ **Mischen Sie** den Fliesenkleber nach Herstellerangaben an, und verteilen Sie ihn mit dem Zahnspachtel auf dem Boden des Untersetzers. Dann legen Sie das Papier mit Fliesen kopfüber hinein. Während der Kleber trocknet, den äußeren Rand in Mosaiksteinhöhe mit Kleber bestreichen und eine Reihe Steine aufrecht festkleben. Auch die Kieselsteine mit Kleber bestreichen und mit Mosaiksteinen bekleben. Am nächsten Tag das Papier mit einem feuchten Schwamm ablösen.

❹ **Fugenbunt anrühren** und die Fugen der Schale und der Kieselsteine damit füllen. Das Fugenbunt sofort danach so lange mit einem in Wasser getauchten Schwamm abwaschen, bis keine Schlieren mehr entstehen.

TIPP

Mosaikfliesen im Bastelmarkt sind relativ teuer. Preisgünstiger sind Glasmosaikfliesen fürs Badezimmer. Diese brauchen Sie nur vom Gitter ablösen, um sie für das Muster zu verarbeiten.

Hahn mit Windrad

Ein schöner Farbklecks ist der kunterbunte Hahn, dessen Federkleid sich als Windrad entpuppt. Wer es eilig hat, kann das Windrad auch fertig kaufen und verzieren.

MATERIAL

- 45 x 40 cm Fichtenleimholz, 18 mm dick
- Windradfolie in Gelb, Orange, Pink, Rot, Grün, Blau, Türkis, je 20 x 20 cm
- Je 3 bis 4 Federn in Gelb, Orange, Pink, Rot, Grün, Blau und Türkis
- Acrylfarben in Weiß, Rot, Gelb, Orange, Blau und Violett, Pinsel
- Schwarzer wasserfester Filzstift
- 17 cm langes Rundholz, 0,7 cm Ø
- 2,5 und 10 cm langes Schlauchstück oder Plastikrohr mit je ca. 1,5 cm Ø (Abstandshalter)
- Holzkugel mit 0,7 cm Ø Bohrung, ca. 2 cm Ø
- 3 Beilagscheiben mit Bohrlöchern von je 1 cm Ø, 2,5 cm Ø
- Wasserfester Bastelkleber
- Schere, Bleistift, Kohlepapier
- Stichsäge oder Laubsäge
- Bohrer mit 0,7 cm Ø, Schleifpapier
- 100 cm Rundholz mit 1,5 cm Ø
- 2 kleine Holzschrauben, Schraubendreher
- Vorlage Seite 78

SO WIRD'S GEMACHT

❶ **Vergrößern Sie** den Hahn und den Windradflügel von der Vorlage mit dem Kopierer. Dann beide Motive entlang der Konturen ausschneiden. Zeichnen Sie die Konturen des Hahns auf das Brett, die Innenzeichnung übertragen Sie mit Kohlepapier. Die Flügelkontur auf jede Farbe der Windradfolie einmal aufzeichnen und ausschneiden. An den mit »o« bezeichneten Punkten je ein Loch mit 0,7 cm Durchmesser bohren.

❷ **Kleben Sie** die Kugel auf das Ende des kurzen Rundholzes. Schieben Sie dann eine Beilagscheibe und danach je eine Seite der Windradflügel darauf. Den langen Abstandshalter, eine Beilagscheibe, dann in der gleichen Reihenfolge wie vorher die Flügel, danach erneut eine Beilagscheibe aufschieben. Die Flügel ausrichten und mit Klebepunkten auf den Beilagscheiben fixieren. Anschließend die Flügel mit den Federn bekleben.

❸ **Sägen Sie** den Hahn aus, und schleifen Sie die Kanten glatt. Nun beidseitig bemalen: den Kamm und den Kropf in Rot, den Kopf und Körper bis zur Mitte in Orange und Gelb, den Schwanz ab der Mitte mit Blau und Violett. Den Schnabel und die Beinansätze malen Sie gelb. Das Auge mit Weiß grundieren, nach dem Trocknen Rand und Pupille mit schwarzem Filzstift aufmalen. Den Bauch können Sie nach Wunsch mit lockeren Pinselstrichen in Weiß akzentuieren. Lackieren Sie das lange Rundholz orange. Dann legen Sie es senkrecht hinter den Beinansatz und schrauben es von hinten mit zwei Schrauben fest. Bohren Sie ein Loch an der mit »x« bezeichneten Stelle. Halten Sie das 2,5 cm lange Schlauchstück darüber, und stecken Sie das Rundholz des Windrades in die Bohrung. Dort mit Kleber fixieren.

Peppige Blumenampel

Blumenampeln aus Wäscheleinen sind nicht nur witterungsbeständig, sondern auch äußerst dekorativ. Sie bilden fröhliche Farbtupfer an dunklen Mauern oder in Bäumen.

MATERIAL

→ 20 m gelbe und 20,5 m blaue Wäscheleine mit Kunststoffummantelung
→ Pflanze mit Übertopf

SO WIRD'S GEMACHT

❶ **Schneiden Sie** von jeder Farbe fünf je 4 m lange Schnüre ab, und legen Sie jede Schnur zur Hälfte. Verknoten Sie die restliche blaue Wäscheleinenschnur zum Aufhängering. Hängen Sie diesen in einen Haken in etwa 1 m Höhe ein, z. B. in einen Türgriff. Nun legen Sie die Schlinge einer zur Hälfte gelegten Schnur mit der Rundung nach unten hinter den Ring, führen beide Schnurenden nach oben und vorne über den Ring. Stecken Sie beide Schnurenden durch die Schlinge unterhalb des Rings, und ziehen Sie sie gleichmäßig nach unten. Den Knoten sehr fest anziehen. Knoten Sie so drei blaue, drei gelbe, zwei blaue und zwei gelbe Schnüre nebeneinander in den Aufhängering.

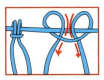

❷ **Für die vier** Stränge der Aufhängung beginnen Sie mit den ersten vier blauen Schnurenden. Legen Sie das linke Schnurende 1 über die beiden nächsten Schnurenden nach rechts (Zg. 1). Nun Schnurende 2 über Schnurende 1, hinter den beiden mittleren Schnüren nach links und vor Schnurende 1 ziehen (Zg. 2). Weiter

das rechte Schnurende 1 über die beiden mittleren Schnüre nach links legen (Zg. 3). Dann das linke Schnurende 2 über 1 nach hinten über die beiden mittleren Schnüre ziehen und durch die Schlinge von Schnur 1 nach vorne rechts herausziehen (Zg. 4). Die Schnurenden sehr fest anziehen. Für den zweiten nach rechts versetzten Knoten arbeiten Sie den gleichen Ablauf, beginnen aber mit der zweiten linken Schnur. Nun immer weiter im Wechsel linksrechts mit den ersten fünf blauen Schnurenden mit 1 cm Abstand der Knoten zueinander einen 40 cm langen Strang knoten. Den zweiten Strang in Gelb, für den dritten blauen Strang das übrige sechste Schnurende vom ersten Strang herüberziehen, genauso für den vierten gelben Strang das übrige gelbe Schnurende vom zweiten herüberziehen.

❸ **Für die Topfummantelung** knoten Sie nun nach dem gleichen Prinzip alle Schnüre in Runden nebeneinander. Bei der zweiten Reihe die Schnüre versetzen, indem Sie mit dem dritten Schnurende beginnen und dieses nach rechts über die nächsten beiden knoten. Jede weitere Reihe versetzt arbeiten, die Reihen haben ca. 2 cm Abstand zueinander. Nach 20 cm fünf Reihen dicht aufeinander geknotet folgen lassen, dann eine Schnur über die anderen wickeln und verknoten. Die Enden gleich lang abschneiden.

Fesche Blumenresi

Bayrische oder alpenländische Gemütlichkeit strahlt die Kantenhockerfigur aus. Mit einer üppigen Bepflanzung, die Resi vor sich her trägt, wird der ländliche Eindruck verstärkt.

MATERIAL

- 18 mm dickes Fichtenleimholz:
  40 x 35 cm (Unterkörper und Beine),
  20 x 45 cm (Oberkörper und Kopf),
  20 x 13 cm (Zwischenbrett)
- Naturhanf, Holzleim
- Acrylfarben in Hellblau, Violett, Weiß, Hautfarbe und Braun
- Farbstifte in Rot, Braun, Rosa, Weiß und Schwarz, Pinsel (dünn und dick)
- 2 Eisenwinkel, 6 x 6 cm
- Je 4 Holzschrauben, 20 mm und 40 mm lang
- Stich- oder Laubsäge, Schleifpapier
- Bleistift, Kohlepapier
- Bepflanzter Blumentopf oder -kasten

- **Vorlage Seite 78**

SO WIRD'S GEMACHT

❶ **Vergrößern Sie** die Vorlage unter dem Kopierer. Dann übertragen Sie die Motivteile mit Kohlepapier auf die Bretter und sägen sie entlang der Konturen aus. Glätten Sie die Kanten mit Schleifpapier.

❷ **Lackieren Sie** Gesicht, Dekolletee, Arme und Beine mit hautfarbenem Acryllack. Das Mieder und den Rock hellblau grundieren, die Schürze und das Halsband mit Violett, die Schuhe mit Braun und die Blusenärmel mit Weiß lackieren. Ist die Farbe vollständig getrocknet, nehmen Sie einen dünnen Pinsel und tupfen kleine Blümchen mit vier oder fünf Blättern in Violett auf den Rock. In die Mitte jeweils einen weißen Punkt setzen. Umranden Sie das Mieder entlang der Träger und des Dekolletees mit einem schmalen violetten Streifen. In die vordere Mitte des Mieders malen Sie mit Violett Kreuze für die Schnürung auf. Außerdem mit dem weißen Farbstift Streifen auf den unteren Schürzenrand ziehen.

❸ **Für das Gesicht** malen Sie die Oberlippe mit Rot vollständig auf, die Unterlippe nur am unteren Rand. Den Zwischenraum mit weißem Stift ausfüllen. Die Wangen als Kugelbäckchen rosa schraffieren, die Augen mit Schwarz und Dunkelbraun aufzeichnen. Zeichnen Sie weiße Lichtreflexe in die Pupillen, das belebt die Augen. Augenbrauen und Nase mit Braun stricheln. Danach aus dem Hanf einen dicken Strang vom Oberkopf aus mittig zu den Seiten legen, dabei über dem Kopf auseinander ziehen. Über den Ohren zur Schnecke formen und mit Leim fixieren.

❹ **Schrauben Sie** die Eisenwinkel an eine Längskante des Zwischenbretts, und legen Sie diese Kante des Bretts entlang der gestrichelten Markierung auf die Rückseite des Unterkörpers. Mit den kürzeren Schrauben von hinten fixieren. Auf die gegenüberliegende Kante des Zwischenbretts Kleber auftragen, und diese an die Unterkante des senkrecht stehenden Oberkörperbretts legen. Von hinten zusätzlich mit den langen Holzschrauben fixieren. Zum Schluss stellen Sie die Blumenbepflanzung auf das Zwischenbrett.

Herzen aus Heu

Ob als liebevolles Geschenk oder als Dekoration für die eigene Terrasse, die Heuherzen werden garantiert überall Freude verbreiten.

MATERIAL

→ 1 Beutel Heu (Zoohandlung)
→ Fester Karton in verschiedenen Größen (bis etwa 40 x 40 cm)
→ 4 verschieden lange Rundhölzer mit je 0,5 cm Ø
→ Mit Blumen bepflanzter Kübel
→ Roter, grüner, goldener und schwarzer Bindedraht
→ Transparent- oder Butterbrotpapier, 25 x 40 cm groß

→ Vorlagen Seite 78

SO WIRD'S GEMACHT

❶ **Legen Sie** das Transparentpapier über die Vorlagen, und zeichnen Sie die vier verschieden großen Herzhälften mit Bleistift durch. Dann schneiden Sie das größte Herzmotiv aus, legen es auf einen Karton und ziehen die Kontur nach. Die Vorlage danach spiegelverkehrt auflegen und auch die zweite Herzhälfte nachziehen. Anschließend schneiden Sie das nächst kleinere Herz aus der Transparentpapiervorlage aus und übertragen es ebenso auf Karton. Bei den übrigen zwei Herzen gehen Sie genauso vor.

❷ **Schneiden Sie** die Kartonherzen aus. Für das größte Herz binden Sie den grünen Draht um den Karton und fixieren ihn mit einem Knoten in der Wicklung. Legen Sie nun ein Büschel Heu auf den Karton, und umwickeln Sie es. Dann auf der Rückseite Heu auflegen und umwickeln. Setzen Sie diesen Vorgang immer wieder vorn und hinten im Wechsel fort, bis das Herz beidseitig vollständig mit Heu bedeckt ist.

❸ **Nach der ersten** Schicht Heu stecken Sie ein Rundholz unten an der Herzspitze ein. Dann weiter mit Heu umwickeln, bis das Rundholz fest im Herz fixiert ist. Die Form des Herzens wirkt besonders schön, wenn Sie unterhalb der oberen Rundungen das Heu etwas dicker auflegen. Zum Schluss verknoten Sie den Bindedraht in den Wicklungen und schneiden ihn ab.

❹ **Arbeiten Sie** die übrigen Herzen ebenso in den verschiedenen Größen und mit verschiedenfarbigem Bindedraht. Zum Schluss stecken Sie alle vier Herzen mit ihren unterschiedlich langen Rundhölzern in einen mit Blumen bepflanzten Kübel.

TIPP

Mit diesen Herzen können Sie auch eine liebevolle Tischdekoration gestalten, beispielsweise für eine rustikale Hochzeitsgesellschaft. Arbeiten Sie dafür Heuherzen in der zweitkleinsten Größe. Dann je ein Herz in einen weiß lackierten Blumentopf stecken, der mit Margeriten oder Vergissmeinnicht bepflanzt ist. Jetzt brauchen Sie die Töpfe nur noch in einer Reihe mittig auf der gedeckten Tafel platzieren.

Sitzplatz für Pflanzen

Hier macht sich Moos zusammen mit allerlei Grün- und Blühpflanzen auf einem schlichten Holzstuhl breit. Für Gäste dieser Art wird der Platz aber bestimmt gern freigehalten.

MATERIAL

- → Stuhl aus unbehandeltem Holz
- → Etwa 1,5 m Maschendraht von der Rolle
- → 1 Kiste Plattenmoos
- → Flache und hängende Pflanzen, wie Efeu, Alpenveilchen, Farn oder Blüh- und Blattpflanzen der Saison
- → Plastikfolie
- → Blumenerde
- → Bindedraht

SO WIRD'S GEMACHT

❶ **Legen Sie** den Maschendraht so auf den Stuhl, dass sich eine Ecke am rechten Stuhlbeinende befindet und die diagonal gegenüberliegende Ecke am linken oberen Lehnenpfosten liegt. Der Maschendraht sollte sich in dieser Lage locker in den Sitz drücken lassen. Fixieren Sie die Ecken am Bein und der Lehne mit Bindedraht. Den Maschendraht außerdem rund um das Bein und den Lehnenpfosten biegen.

❷ **Formen Sie** den Maschendraht vom unteren Beinende zum Sitz hin etwas breiter nach oben verlaufend. Dafür drücken Sie den Maschendraht unten sehr fest um das Bein, zur Ecke des Sitzes hin etwas lockerer und breiter laufen lassen. Über dem Sitz formen Sie den Maschendraht schalenartig. Dafür die Ränder gerundet nach unten biegen und die Mitte tief in den Sitz drücken. In diese Vertiefung werden später die Blumen gepflanzt.

❸ **Zum Lehnenpfosten** hin formen Sie den Maschendraht durch Eindrücken schmaler nach oben verlaufend. Kurz unterhalb des oberen Pfostenendes liegt das Maschendrahtgerüst ganz dicht am Holz.

❹ **Nun bedecken Sie** den Maschendraht mit Plattenmoos und fixieren es durch Umwickeln mit Bindedraht. Beginnen Sie am oberen Lehnenpfosten, und legen Sie die Moosstücke dicht aneinander bis zum Sitz. Dabei immer wieder mit Draht umwickeln. Das Drahtgeflecht leicht anheben, um den Bindedraht durchzuschieben. Arbeiten Sie so bis zum unteren Stuhlbeinende. Dort das Drahtende in den Wicklungen verknoten.

❺ **Jetzt drücken Sie** die Plastikfolie in die Vertiefung des Moosbettes auf dem Sitz und füllen Blumenerde hinein. Arrangieren Sie die Pflanzen in der Vertiefung, dabei sollten die großwüchsigen nach hinten und die herabhängenden oder kriechenden Pflanzen nach vorn gestellt werden. Eine Blühpflanze in der Mitte bildet einen farbigen Blickfang. Lösen Sie die Töpfe von den Pflanzen, und drücken Sie sie fest in die Blumenerde. Zum Schluss die überstehende Folie abschneiden und die Folienränder mit Moos abdecken.

> **TIPP**
> Befeuchten Sie beim Gießen der Pflanzen auch das Moos, so wird es regelrecht weiterwachsen.

Gemüsebogen

Zwiebeln, Peperoni und Knoblauch sind viel zu schön, um im Gemüsefach zu versauern. Hier werden Sie auf einem einfachen Kleiderbügel an einem Rankgitter zur Schau gestellt.

MATERIAL

- Kleiderbügel aus Draht
- Clematisranken
- Mehrere Schalotten, Knoblauch und Peperoni
- Salbei-, Thymian- und Rosmarinstiele
- Naturbast
- Bindedraht
- Lange Patenthaften

SO WIRD'S GEMACHT

❶ **Biegen Sie** den unteren Querdraht des Kleiderbügels hoch zum oberen, sodass beide Drähte die gleiche Rundung haben. Dann fixieren Sie den Bindedraht an einer Seite des Bügels durch mehrmaliges Umwickeln. Legen Sie die Clematisranken bis zum Haken dicht über den Bügel, und umwickeln Sie sie mit dem Bindedraht, sodass sie fest sitzen.

TIPP
Patenthaften sind hufeisenartig gebogene Drahtklammern, die Sie im Blumen- oder Bastelladen in verschiedenen Größen erhalten.

❷ **Um den Haken binden Sie** ebenfalls Clematisranken. Den Bindedraht danach zurück zum Bügel führen, und das Umwickeln bis zum anderen Bügelende fortsetzen.

❸ **Schneiden Sie** die Kräuter in 5 bis 8 cm lange Ästchen. Dann legen Sie ein Rosmarinästchen auf die Clematisunterlage und binden es mit Draht fest. Anschließend im Wechsel Salbei- und Thymian- und wieder Rosmarinstiele so auf den Bügel binden, dass die vorherigen Wicklungen verdeckt werden. Am anderen Ende binden Sie zum Abdecken ein Ästchen entgegengesetzt über die Wicklungen. Den Draht gut mit einem Knoten fixieren.

❹ **Spießen Sie** das Gemüse auf die Patenthaften. Dann stecken Sie die bestückten Patenthaften dekorativ auf die gebundenen Clematisranken. Zum Abschluss binden Sie eine Bastschleife um den Haken des Kleiderbügels und hängen den Gemüsebogen an seinem Haken in einen Nagel ein.

Hortensiendame

Was Sie mit einer einfachen Zaunlatte aus dem Baumarkt so alles machen können, beweist diese Figur, die keck aus einem prächtigen Blumenkübel hervorschaut.

MATERIAL

→ Zaunlatte, etwa 70 x 9 cm
→ Strohhut mit 20 cm Ø (Bastelladen)
→ 0,5 m zartgelbe Tüllschleife, 5 cm breit
→ Violetter Bastelhanf
→ Blumentopf mit Hortensien bepflanzt
→ Acryllack in Hautfarbe, Orange und Türkis
→ Pinsel, Heißkleber
→ Schneiderkopierpapier
→ Schwarzer und roter Filzstift
→ Weißer Lackmalstift, rosa Buntstift

→ Vorlage Seite 79

SO WIRD'S GEMACHT

❶ **Bemalen Sie** die Zaunlatte von oben bis zum V-Ausschnitt in der Mitte der gerundeten Stelle mit Hautfarbe, die Bluse bis 15 cm unter den Ausschnitt in Orange und den Rock bis zum Fuß der Zaunlatte in Türkis. Auch die Kanten und Rückseite der Figur farblich gestalten. Dann alles trocknen lassen.

❷ **Übertragen Sie** die Gesichtszüge mit Schneiderkopierpapier von der Vorlage auf den Kopf. Dann zunächst die Augäpfel weiß ausmalen. Nach dem Trocknen die Lider und Pupillen, die Augenbrauen und die Nasenlöcher mit schwarzem Filzstift gestalten. Den lachenden Mund malen Sie mit rotem Filzstift auf, die Wangen werden leicht mit rosa Buntstift schraffiert.

❸ **Nun umranden Sie** den V-Ausschnitt am Hals mit Acryllack in Türkis. Tupfen Sie außerdem eine türkisfarbene Knopfleiste in die Mitte der Bluse. Auf den türkisfarbenen Rock setzen Sie dicht aneinander orangefarbene Tupfen auf.

❹ **Ziehen Sie** den Bastelhanf als etwa 60 cm lange Haarsträhne auseinander, und fixieren Sie sie mit Heißkleber am oberen Rand der Zaunlatte.

❺ **Binden Sie** die Tüllschleife um den Hut, und lassen Sie die Enden geschwungen herabhängen. Den Hut mit Heißkleber auf dem Kopf fixieren. Zum Schluss stecken Sie die Zaunlatte in den Blumenkübel.

Clematisrankenherz

Was für ein Empfang, wenn ein romantisches Herz an der Tür hängt! Die leicht unregelmäßige Form macht es zu einem Paradestück des neuen skandinavischen Landhausstils.

MATERIAL

→ 50 x 70 cm Maschendraht
→ Clematisranken
→ Efeuranken
→ Naturfarbener Bastelhanf
→ Rote und blaue Beerenzweige
→ Rotes Herz aus Holz, 5 x 5 cm
→ Dünner Bindedraht
→ Drahtschere

SO WIRD'S GEMACHT

❶ **Schneiden Sie** den Maschendraht in der oberen schmalen Mitte senkrecht etwa 15 cm tief ein. Von diesem tiefsten Punkt aus formen Sie den Draht gerundet zu den beiden oberen Ecken. Von hier aus wird der Maschendraht im schrägen Verlauf bis zur unteren Mitte nach hinten gebogen. Jetzt können Sie die geschwungene, asymmetrische Form des Herzens durch Drücken und Biegen noch genauer ausformen.

❷ **Zupfen Sie** die Clematisranken auseinander, und breiten Sie sie auf der Oberfläche des Maschendrahtherzens aus. Umwickeln Sie Herz und Clematis mit dem Bindedraht, am besten geht das über Kreuz. Das Maschendrahtgerüst soll ganz von den Clematisranken bedeckt und nicht mehr sichtbar sein. Legen Sie die Ranken daher auch über die Kanten des Maschendrahtherzens. Zum Schluss fixieren Sie das Ende des Bindedrahtes mit einem Knoten auf der Rückseite des Maschendrahtherzens.

❸ **Stecken Sie** das Herz aus Holz ungefähr in die Mitte des Rankenherzens, und fixieren Sie es in den Drahtwicklungen und Ranken. Nun überziehen Sie die Vorderseite des Herzens bis auf einen Rand von ungefähr 7 cm mit locker zerzupftem Bastelhanf. Im Gewirr der Ranken hält er wie von selbst. Das rote Holzherz in der Mitte wird mit wenigen Hanffäden überzogen. Um das Holzherz herum arrangieren Sie ein paar Efeublätter und rote Beeren.

❹ **Der Rand** des großen Rankenherzens wird mit einer dichten Efeuranke umlegt. Um sie zu fixieren, ziehen Sie einzelne Clematisästchen heraus, legen sie über die Efeuranke und stecken sie danach wieder zurück in die Clematisfläche. Schneiden Sie etwa 8 cm lange Beerenästchen von den Zweigen, und stecken Sie sie im farblichen Wechsel rund um das Clematisrankenherz.

TIPP

Der Efeu und die Beerenzweige behalten etwa 4 Wochen ein frisches Aussehen. Damit das Herz das ganze Jahr über ein attraktiver Blickfang an Ihrer Haustür ist, verwenden Sie anstelle der frischen Beerenzweige und des echten Efeus künstliche Beeren und Ranken. Diese sind von echten kaum zu unterscheiden. Außerdem können sie auch immer wieder für andere Dekorationen verwendet werden.

Besen mit Laubrock

Die herbstliche Figur mit ihrer beleuchteten Lampionblumenkette ist auf der Suche nach einem Platz zum Überwintern. Wie wäre es in Ihrem Garten?

MATERIAL

- Kehrbesen
- Etwa 10 Äste mit Eichenlaub, jeweils 80 cm lang
- Lichterkette mit 20 Lämpchen für den Außenbereich
- 20 Lampionblumen
- 0,8 m orange-weiß gestreiftes Schleifenband, 4 cm breit
- 0,4 m orangefarbenes Schleifenband, 4 cm breit
- Filz- oder Moosgummireste in Schwarz und Rot, schwarzer Filzhut
- Eimer mit Sand oder großer Blumentopf mit Erde
- Weißer Lackstift
- Heißkleber, Bindedraht
- Schneiderkopierpapier

- **Vorlagen Seite 79**

SO WIRD'S GEMACHT

❶ **Pausen Sie** die Augen und den Mund von der Vorlage auf Filz oder Moosgummi, und schneiden Sie die Teile aus. Auf die Augen malen Sie mit weißem Lackstift die Lichtpunkte auf. Kleben Sie die Augen ungefähr in die Mitte des umgedrehten Besens, den Mund darunter. Den Besenstiel dann in einen Eimer mit Sand oder einen Blumenkübel stecken, sodass die Figur fest verankert ist.

❷ **Halten Sie** die Eichenlaubzweige mit den Stielenden nach oben so um den Besenansatz herum, dass die Zweige unten über den Eimer oder Topfrand reichen und diesen verdecken. Auf die Weise entsteht der Rockcharakter. Binden Sie die Stiele der Zweige am oberen Ende unterhalb des Besenansatzes fest mit Draht an den Besenstiel. Die Drahtenden verknoten.

❸ **Schneiden Sie** aus den Lampionblumen vorsichtig mit einem Messer oder einer spitzen Schere den Fruchtansatz heraus, und stecken Sie über jedes Lämpchen der Lichterkette eine Lampionblume. Nun hängen Sie die Lichterkette mit den Lampionblumen locker über den Laubrock. Sie lässt sich leicht in den Ästchen und Blättern des Laubrockes fixieren.

❹ **Binden Sie** das gestreifte Schleifenband um den Hals der Figur. Das orangefarbene Band kleben Sie als Hutband um den Filzhut. Setzen Sie den Hut schräg auf den Kopf, und fixieren Sie ihn an mehreren Stellen mit Heißkleber.

TIPP

Achten Sie beim Aufschneiden der Lampionblumen darauf, dass die Blüte nicht zerstört wird. Auch sollte das Loch nicht zu groß werden, da sonst die Lichter der Lichterkette herausrutschen. Wer will, fixiert die Lämpchen mit einem Tropfen wasserfestem Kleber in den Lampionblumen.

Erntekrone aus Stroh

Passend zum Erntedankfest ist diese Außendekoration ein wunderbarer Ausdruck für die Üppigkeit der Natur und die Schönheit der herbstlichen Farbenpracht.

MATERIAL

- Krone aus Draht mit 30 cm Ø (Bastelladen)
- Bastelstroh
- Weizen- und Gersteähren
- Hirseruten
- Je 4 m grünes und orangefarbenes Satinband, 1 cm breit
- 10 Minibrezeln, mit Klarlack imprägniert
- 1 m langes Rundholz mit 0,5 cm Ø
- 3 getrocknete Maiskolben
- Zierkürbisse, Zierkohl, Äpfel
- Efeuranken und Blätter
- Großer Blumentopf mit Erde
- Dünner Bindedraht
- Nagel, Hammer

SO WIRD'S GEMACHT

❶ **Nehmen Sie** ein Strohbüschel in die Hand, und halten Sie es dicht an den Draht der Krone. Umwickeln Sie das Stroh fest mit Bindedraht, legen Sie das nächste Büschel im Anschluss daran, und umwickeln Sie auch dieses. Fahren Sie so fort, bis die ganze Krone etwa 3 cm dick mit Stroh verkleidet ist.

❷ **Knoten Sie** in der oberen Mitte der Krone das orangefarbene und grüne Schleifenband im Kreuzungspunkt fest. Wickeln Sie das grüne Band schräg an einem senkrechten Draht über der Strohschicht nach unten. Dabei lassen Sie immer 4 cm Abstand zwischen den Wicklungen. Unten wickeln Sie waagerecht weiter. Dann wieder nach oben, nach unten und das waagerechte Viertel zurück bis zur vorherigen Senkrechten. Dort schneiden Sie das Band knapp ab und kleben es fest. Anschließend wickeln Sie das grüne Band im gleichen Verlauf, es sollte immer zwischen den orangefarbenen Wicklungen liegen. Knoten Sie nach der ersten Hälfte erneut zwei Bänder oben am Kreuzungspunkt ein, und umwickeln Sie auf dieselbe Weise auch die zweite Hälfte der Krone.

❸ **Schlagen Sie** den Nagel senkrecht in die Spitze des Rundholzes, und stecken Sie das Rundholz mit der anderen Seite fest in den Topf mit Blumenerde. Bedecken Sie die Blumenerde mit Maiskolben, Zierkürbissen, Zierkohl und Äpfeln, und verzieren Sie das Ganze mit Efeuranken und Blättern.

❹ **Bündeln Sie** die Weizenähren, indem Sie die Stiele auf 15 cm Länge kürzen und in entgegengesetzte Richtungen aufeinander legen. Mit Draht umwickeln, dabei in der Mitte gerade herabhängende Gersteähren und Hirseruten mit einbinden. Binden Sie die Ähren oben ans Kreuz der Erntekrone, dann die Krone oben am Nagel des Rundholzes befestigen. Über den Nagel setzen Sie eine Mehrfachschleife aus grünen und orangefarbenen Satinbandresten (→ Seite 21).

❺ **Zum Schluss** schneiden Sie zehn etwa 30 bis 50 cm lange grüne Schleifenbänder ab und hängen damit die zuvor imprägnierten Brezeln an die Erntekrone.

Halloween-Figur

Diese herbstliche Dekoration ist auch für ganz Eilige geeignet, denn wer den Kürbiskopf fertig kauft und in einen schon bepflanzten Topf steckt, hat sie im Nu fertig gestellt.

MATERIAL

→ Fertiger Kürbiskopf aus Pappmaché oder:
→ Luftballon, Pappmachépulver, Acryllack in Gelb und Orange
→ 2 Bund Naturbast
→ 0,8 m langes Rundholz mit 0,5 cm Ø
→ 4 m orangefarbenes Satinband, 0,5 cm breit
→ 50 x 30 cm schwarzer Rupfen oder alte Mütze
→ Einkaufskorb oder Obstkiste
→ Plastiksack
→ Blumenerde
→ Herbstblumen in Pflanztöpfen
→ Echte oder künstliche Beerenzweige
→ Heißkleber, Pinsel

SO WIRD'S GEMACHT

❶ **Möchten Sie** den Kopf selbst basteln, dann rühren Sie das Pappmachépulver nach Herstellerangaben in einer Schüssel mit Wasser an. Blasen Sie den Luftballon auf, sodass er ungefähr einen Umfang von 60 cm hat. Dann streichen Sie die gequollene Papiermasse etwa 2 cm dick gleichmäßig auf den Luftballon und lassen sie ungefähr 2 Stunden antrocknen.

❷ **Formen Sie** mit einem Messerrücken die senkrechten Kürbiseinkerbungen in die noch leicht feuchte Pappmachémasse. Auch die Form der dreieckigen Augen und Nase sowie den Mund mit dem Messer anritzen. Anschließend die Papiermasse in diesen Bereichen entfernen. Die Kanten formen Sie mit einem angefeuchteten Finger leicht gerundet aus. Nun können Sie den Kürbis vollständig trocknen lassen.

❸ **Wenn der Luftballon** noch nicht geplatzt ist, stechen Sie ihn jetzt ein und ziehen ihn durch den Mund heraus. Dann den Kürbis orangefarben, die Kanten sowie kleine Punkte in Gelb akzentuieren.

❹ **Fixieren Sie** das Satinband an einem Ende des Rundholzes mit Kleber, und wickeln Sie es dann schräg mit etwa 2 cm Abstand der Wicklungen zueinander um den Stab. Das Ende wieder festkleben. Stecken Sie den Stab in den fertigen oder gebastelten Kürbis, und fixieren Sie ihn dort mit Kleber.

❺ **Aus dem Bast** etwa 50 cm lange Fäden schneiden. Kleben Sie diese ab Ohrenhöhe von Ohr zu Ohr rund um den Hinterkopf des Kürbisses. Den Rupfen zu einer Mütze mit Krempe zusammenkleben oder eine alte Mütze mit Kleber über dem Haaransatz des Kürbiskopfes fixieren.

❻ **Kleiden Sie** Ihren Einkaufskorb oder eine Obstkiste mit einem Plastiksack aus. Blumenerde darüber geben und die Herbstblumen ohne Töpfe einpflanzen. Zusätzlich stecken Sie echte oder künstliche Beerenzweige zwischen die Blumen. Zum Schluss können Sie die Halloween-Figur mit dem Rundholz in der Blumenerde verankern.

Blumenkürbis

Einen prachtvollen Blumentopf stellt dieser Kürbis dar, der die herbstliche Außenbepflanzung wunderschön zur Geltung bringt.

MATERIAL

- Großer Gemüsekürbis
- Einkaufstüte aus Plastik
- Blumenerde
- Zimmerzypresse
- Zinnien
- Heidekraut
- Kletterficus oder Efeu
- Zweige mit Brombeeren und Vogelbeeren
- Zweige mit Hagebutten

SO WIRD'S GEMACHT

❶ **Schneiden Sie** mit einem scharfen Messer einen großen, waagerechten Deckel vom Kürbis ab. Anschließend den Deckel entfernen. Zum Aushöhlen zunächst vorsichtig mit senkrechten Schnitten, die nicht durch den Kürbis durchgehen dürfen, das Kürbisinnere in kleine Teile zerschneiden. So können Sie das Fruchtfleisch anschließend leicht mit dem Löffel herauslösen und es sofort anderweitig verwenden.

❷ **Krempeln Sie** den Rand der Plastiktüte soweit um, dass er in der Höhe genau in den Kürbis passt. Drücken Sie die Tüte in den Kürbis hinein, und füllen Sie sie mit Blumenerde auf. Mitten hinein pflanzen Sie die Zimmerzypresse, davor die niedrigeren Pflanzen. Die Zweige mit Beeren und Hagebutten werden abschließend einfach je nach Gefallen dazwischen gesteckt.

TIPP

Verwenden Sie das Fruchtfleisch für eine leckere Kürbissuppe! Dafür Zwiebeln in Butter anbraten und das Kürbisfleisch zusammen mit etwas Gemüsebrühe und einer Knoblauchzehe für 10 bis 15 Minuten dazugeben, bis es weich gekocht ist. Anschließend mit dem Zauberstab pürieren. Kräftig salzen und pfeffern und mit ein wenig Zitronensaft abschmecken.

Leuchtende Glitzerketten

Auch Bäume und Pflanzen putzen sich gern mal heraus. Mit diesem hübschen Schmuck kommt Ihr Garten noch besser zur Geltung und zieht alle Blicke auf sich.

MATERIAL

- Dünner Silberdraht zum Auffädeln
- 0,7 mm dicker Draht für Ringe und Mond

Grün-blaue Schnur
- Großer Halbedelstein mit Querbohrung
- 50 grüne und transparente Halbedelsteine, etwa 1 cm Ø, mit Bohrung
- 25 blaue und transparente Kristallperlen mit 8 mm Ø
- 20 transparente Kristallperlen mit 4 mm Ø
- Blaue Rocailles

Orange-blaue Schnur
- 7 braune Halbedelsteine mit 1,5 cm Ø und 10 Stück mit 0,7 cm Ø, jeweils mit Bohrung
- Blaue und transparente Kristallperlen mit 0,5 mm Ø
- Goldene Rocailles

Rot-goldene Schnur mit Mond
- 15 rote Kristallperlen mit 0,7 cm Ø
- 20 orange Kristallperlen mit 0,4 cm Ø
- 5 weiße Wachsperlen mit 1,5 cm Ø
- Goldene und rote Rocailles

SO WIRD'S GEMACHT

❶ **Beginnen Sie** bei jeder Schnur mit dem Auffädeln am unteren Ende. Dafür jeweils eine Perle etwa 3 cm über den Draht schieben und das Drahtende dicht über der Perle mit dem laufenden Draht verdrehen. Anschließend können Sie die weiteren Perlen in der gewünschten Reihenfolge auffädeln.

❷ **Für die Ringe** biegen Sie jeweils etwa 15 cm stärkeren Draht über einem Schnapsglas zum Ring. Fädeln Sie die Perlen auf den Ring, und lassen Sie dabei an einer Seite des Ringes den dünnen Draht mitlaufen. Um den großen Halbedelstein in den Perlenring einzufügen, fädeln Sie zuerst die Rocailles auf den Ring, dann den großen Halbedelstein. Lassen Sie dabei den mitlaufenden Draht durch den Stein weiterlaufen.

❸ **Den Mond biegen** Sie aus einem 25 cm langen Stück stärkeren Draht. Dann die Perlen und Rocailles auffädeln. Nach dem Auffädeln der Perlenschnur hängen Sie den Mond einfach an beliebiger Stelle ein.

Rute als Herbstgesteck

Ein kunstvoll arrangiertes Hartriegelbündel wurde hier für den Herbst eingekleidet. Das Gesteck für draußen lässt sich aber auch auf andere Jahreszeiten abstimmen.

MATERIAL

- 50 x 50 cm Maschendraht
- Flacher Korb mit etwa 50 cm Ø
- 1 großes Bund rote Hartriegel- oder Weidenruten, etwa 1 m lang
- Orangefarbener Naturbast
- Mehrere Zweige mit getrockneten oder noch frischen Blättern
- 1 Bund Eukalyptuszweige mit Früchten
- Etwa 20 Lampionblumen

SO WIRD'S GEMACHT

❶ **Legen Sie** den Maschendraht über die Öffnung des Korbes, und drücken Sie die überstehenden Ecken entlang der Rundung nach unten in den Korb hinein.

❷ **Jetzt nehmen Sie** die Weiden- oder Hartriegelruten einzeln in die Hand und stecken sie von der Mitte des Maschendrahts aus kreisförmig nach außen bis zum Rand des Korbes. Dabei am oberen Ende über der Korbmitte mit einer Hand zusammenhalten. Sind alle Ruten im Maschendraht verankert, umbinden Sie sie etwa 20 cm unterhalb des oberen Endes mit orangefarbenem Bast. Das Bündel steht nun von allein.

❸ **Schneiden Sie** die Äste mit dem frischen oder trockenen Laub auf unterschiedliche Längen, sodass die längsten bis zur Bindestelle des Rutenbündels reichen. Nun stecken Sie die Laubzweige um das Rutenbündel in den Maschendraht oder direkt zwischen die Ruten ein.

❹ **Die Eukalyptuszweige** werden auf etwa 40 cm Höhe gekürzt und mit den Stielenden zwischen den Stielen des Rutenbündels eingesteckt. Verteilen Sie sie einfach gleichmäßig um das ganze Bündel herum.

❺ **Nehmen Sie** einen Bastfaden und knoten sie nach 20 cm eine Lampionblume ein. Dafür binden Sie einen lockeren Knoten, stecken den Stiel der Lampionblume in die Schlinge und ziehen dann den Knoten fest. Die nächsten Lampionblumen knoten Sie mit 15 bis 20 cm Abstand zu den vorherigen ein. Zum Schluss legen Sie die Bastkette mit den Lampionblumen locker um das Rutenbündel.

TIPP

Natürlich können Sie alles, was Sie auf einem Spaziergang im Wald an Ästen, Zapfen oder Beerenzweigen finden, in das Gesteck einarbeiten. Besonders schön wirken bemooste Äste, die Sie am Waldboden nach einem starken Wind finden. Im Frühling füllen Sie die Rute mit Weidenkätzchen auf. Zu Ostern schmücken Sie den Busch dann anstelle der Lampionblumen mit Eiern und Haselzweigen. Im Sommer wirken Schnittblumen, die Sie in einzelnen Reagenzgläsern zwischen die Ruten hängen, sehr attraktiv.

Blättertopf mit Laterne

Hier wurden Kerzenlicht und Laub interessant und wetterfest miteinander kombiniert. Form und Farbe des Blechkübels verleihen dem Gesteck einen hochmodischen Touch.

MATERIAL

- Quadratischer Blechkübel, etwa 40 x 40 cm groß, 60 cm hoch
- Eisen- oder Holzlaterne mit quadratischem Boden (mit Kerze)
- Viele getrocknete Blätter, z. B. von Magnolien oder Kirschlorbeere
- Brettchen in Größe des Laternenbodens
- 0,6 m langes Rundholz mit 0,5 cm Ø
- 4 Steckschaumquader
- Bohrmaschine und Holzbohrer mit 0,5 cm Ø
- Stärkerer Draht
- Feiner Silberdraht
- Weißleim, Heißkleber

SO WIRD'S GEMACHT

❶ **Zeichnen Sie** auf dem Brettchen mit Hilfe der Diagonalen den Mittelpunkt an, und bohren Sie dort ein Loch mit 0,5 cm Durchmesser. In dieses Loch stecken Sie das Rundholz so, dass es auf einer Seite bündig mit dem Brettchen abschließt. Das Rundholz zusätzlich mit einem Tropfen Weißleim fixieren und den Kleber gut trocknen lassen.

❷ **Schneiden Sie** die Steckschaumquader mit einem Messer so zurecht, dass das Innere des quadratischen Kübels vollständig damit ausgefüllt ist. Dann vom stärkeren Draht vier etwa 75 cm lange Stücke abschneiden und in die Ecken des Topfes in den Steckschaum drücken.

❸ **Nun spießen Sie** die getrockneten Blätter locker übereinander auf die Drähte, sodass sie leicht überlappen. Sind Ihre Blätter nicht so groß, müssen Sie noch zwei oder drei Drähte zusätzlich einstecken und bestücken. Stecken Sie die Blätter so auf die Drähte, dass jede Lage etwas mehr nach innen versetzt ist. Es sollte eine Art Pyramide entstehen. Nach etwa 20 cm Blätterhöhe das Rundholz mit dem Brettchen mittig in den Topf drücken. Der Blätterhaufen ist dann hoch genug, wenn er bis dicht unter das Brettchen reicht.

❹ **Nehmen Sie** das Rundholz mit dem Brettchen wieder aus dem Topf, und schneiden Sie aus dem restlichen Steckschaum einen Würfel, dessen Kantenlängen denen des Brettchens entsprechen. Schieben Sie das Rundholz mittig durch den Schaumblock und diesen bis unter das Brettchen. Die Kanten von Schaumblock und Brettchen liegen deckungsgleich übereinander.

❺ **Jetzt wickeln Sie** Steckschaum und Brettchen mit Blättern wie ein Paket ein, das Sie mehrfach über Kreuz mit Silberdraht umwickeln. Bedecken Sie den Würfel vollständig mit den Blättern. Zum Schluss den Draht in einer Wicklung verknoten.

❻ **Stecken Sie** das Rundholz wieder in das Loch im Topf. Durch den Schaumblock unter dem Brettchen werden die Blätter leicht nach oben gedrückt. Stellen Sie die Laterne auf das verkleidete Brettchen, und fixieren Sie es mit Heißkleber darauf.

Apfel und Birne

Über dieses Obst freut sich Mensch und Tier gleichermaßen, dienen doch Apfel und Birne als Futterstelle für Vögel und sind dazu eine Augenweide für den Betrachter.

MATERIAL

- 55 x 20 cm Fichtenleimholz, 18 mm dick
- Acrylfarbe in Rot, Grün und Braun
- Pinsel
- 2 Schraubhaken mit 1,5 cm Ø
- Nylonschnur zur Aufhängung
- Stich- oder Laubsäge, Bohrer
- Schleifpapier
- Bleistift, Schere
- Kohlepapier
- Meisenknödel
- Apfel

→ **Vorlagen Seite 78/79**

SO WIRD'S GEMACHT

❶ **Vergrößern Sie** die Vorlage unter dem Kopierer. Anschließend übertragen Sie die Konturen mit Kohlepapier auf das Holz. Oder Sie schneiden die Motive aus, legen sie auf das Holz und umranden sie mit dem Bleistift.

❷ **Sägen Sie** aus beiden Motiven jeweils zuerst den inneren Kreis aus. Dafür müssen Sie zunächst ein Loch bohren, um die Säge anzusetzen. Haben Sie den inneren Kreis ausgesägt, können Sie nun die äußeren Konturen aussägen. Anschließend alle Kanten mit Schleifpapier glatt schleifen.

❸ **Bemalen Sie** den Apfel rundherum mit Rot, die Birne mit Grün. Den Stiel jeweils mit brauner Farbe lackieren. Drehen Sie jeweils den Schraubhaken an der eingezeichneten Stelle ein, und binden Sie die Nylonschnur um den Stielansatz. Nun können Sie eine Futterkugel oder einen Apfel für die Vögel einhängen. Befestigt werden Apfel und Birne ganz nach Wunsch mit Hife der Nylonschnur an einem Ast oder einem Vogelhäuschen.

Restaurant zum Vogelwirt

Das Holzhaus dient als einladendes Plätzchen für Vögel, die hier ihre Futterstelle finden. Dazu ist es eine Augenweide für Ihren Garten oder Balkon.

MATERIAL

→ 60 x 32 cm Fichtenleimholz, 18 mm dick (Haus)
→ 60 x 20 cm Fichtenleimholz, 18 mm dick (Bodenplatte)
→ 9 cm breites Sperrholz, 0,7 cm dick, je zwei 9 cm und 27 cm lange Stücke
→ 2 Eisenwinkel, 6 x 6 cm
→ 8 Holzschrauben, 20 mm lang
→ Holzleim, Schraubendreher
→ Stahlstifte, Hammer, Schleifpapier
→ Kohlepapier, Bleistift, Pinsel
→ Acrylfarben in Gelb, Grün, Hellblau, Rotbraun und Weiß
→ Farbstifte in Weiß, Dunkelbraun und Dunkelblau
→ Stich- oder Laubsäge, Aufhänger oder Rundstab mit Schrauben

→ **Vorlage Seite 78**

SO WIRD'S GEMACHT

❶ **Vergrößern Sie** das Motiv mit dem Kopierer, und übertragen Sie es mit Kohlepapier auf das Holzbrett. Entlang der äußeren Konturen aussägen. Dann die Kanten mit Schleifpapier glätten.

❷ **Grundieren Sie** die Hauswand in Gelb und die Bodenplatte in Grün. Die Dachplatten aus Sperrholz werden rundherum rotbraun gestrichen. Nach dem Trocknen malen Sie die Fensterflächen und die Treppenstufen mit der hellblauen Farbe aus. Die Fensterläden und -rahmen, die Fensterkreuze und die Haustür mit der rotbraunen Farbe ausmalen. Für die Säulen und die Fundamente mischen Sie Weiß mit wenig Rotbraun und malen diese damit aus. Für die Balustrade über der Tür noch etwas mehr Weiß dazumischen und die Latten aufmalen. Alle Farbflächen nach dem Trocknen mit den passenden Farbstiften umranden beziehungsweise die Kanten der Treppen, Säulen und Holzbretter nachziehen.

❸ **Schrauben Sie** die Winkeleisen bündig mit der hinteren Kante unter die Bodenplatte. Stellen Sie die mit Leim bestrichene Unterkante der Hauswand senkrecht darauf, und schrauben Sie sie ebenfalls fest. Die Dachplatten mit Stahlstiften aufnageln. An einer Wand aufhängen oder an einem Rundstab in den Boden stecken (→ Hahn, Seite 40, Schritt 3).

Dekorative Rankkugeln

Ganz gleich, ob Sie die Kugeln zum Beranken auf Töpfe oder nur zur Dekoration auf den Rasen oder auf ein Beet mit Immergrünen legen, sie fallen jedem ins Auge.

MATERIAL

- Pro Kugel zwei Hopfenranken, je etwa 6 m lang
- Grüner oder brauner Bindedraht

SO WIRD'S GEMACHT

❶ Legen Sie den Anfang einer Ranke zu einem Ring mit etwa 45 cm Durchmesser, und binden Sie diesen mit Bindedraht fest. Der Ring bleibt in der Form erhalten, da sich in den Ranken der Rankdraht befindet. Legen Sie einen weiteren Ring, der aber ungefähr einen Achtelkreis weiter versetzt ist, über den ersten. Auch diesen mit Draht am Kreuzungspunkt fixieren. Auf diese Weise noch weitere zwei Kreise versetzt arrangieren.

TIPP

Bestellen Sie Hopfenranken in den letzten August- und den ersten Septemberwochen beim Blumenladen. Sie lassen sich nur frisch verarbeiten, werden dann trocken und braun, behalten dabei aber ihre Form.

TIPP

Alternativ können Sie auch Weidenruten nehmen, die Sie aber häufiger mit Draht verbinden müssen, da die Ruten kürzer sind. Da Weidenruten zudem dünner als Ranken sind, wird das Geflecht der Kugel filigraner.

❷ Haben Sie den Ball geformt, beginnen Sie damit, die Ranke quer über und unter den Ringen unregelmäßig einzuweben – ähnlich wie beim Wickeln eines Wollknäuels, nur ist in diesem Fall Luft zwischen den Wicklungen. Hier ist es nicht bei jeder Überkreuzung notwendig, die Ranken mit Draht zusammenzubinden.

❸ Sind Sie am Ende der ersten Ranke angelangt, verbinden Sie sie durch Umwickeln mit Draht mit der zweiten. Zum Schluss das Ende der Ranke in der Kugel mit Draht festbinden. Sie können die Form der Kugel noch nachträglich durch Verschieben der verflochtenen Ranken korrigieren.

Edles Korb-Arrangement

Mächtig Eindruck macht dieser üppig wirkende Korb mit Zapfen und Christbaumkugeln für draußen. Dabei ist er mit wenig Aufwand und spielend einfach gemacht.

MATERIAL

- Korb mit 40 cm Ø
- 30–40 verschieden große Tannen- und Kiefernzapfen
- Christbaumkugeln aus Kunststoff in Apfelgrün, matt und glänzend
- Moos, Zeitungspapier
- 1,5 m dicke goldfarbene Kordel
- 0,5 m Tüllband mit goldfarbenen Sternen, etwa 5 cm breit
- Goldfarbenes Flowerhair

SO WIRD'S GEMACHT

❶ **Zerknüllen Sie** das Zeitungspapier, und polstern Sie den Korb bis etwa 8 cm unterhalb des Randes damit aus. Das Zeitungspapier mit einer Lage Moos bedecken. Darüber legen Sie dicht an dicht die verschieden großen Zapfen.

❷ **Fügen Sie** in die Vertiefungen zwischen den Zapfen, die durch die unterschiedlichen Größen entstehen, die Kugeln ein. Wechseln Sie dabei matte und glänzende ab.

❸ **Binden Sie** die dicke Goldkordel um den oberen Korbrand. In den Knoten hängen Sie das Tüllband ein und lassen die Enden am Korb herabhängen.

❹ **Zum Schluss** zerzupfen Sie das Flowerhair und legen es wie einen Schleier über die Zapfen und Kugeln. Etwas Flowerhair auch über den Korbrand herabhängen lassen.

TIPP

Wer den Landhausstil bevorzugt, ersetzt die Christbaumkugeln durch rote Äpfelchen. Eine rotgrüne Schleife und naturfarbener Bastelhanf machen den Look perfekt.

Kranz mit Holzkerzen

Wer sich schon immer einen Adventskranz für draußen gewünscht hat, hat hiermit eine originelle Lösung gefunden. Abends leuchten Sie das Gesteck mit einem Strahler an.

MATERIAL

- Kranzform aus Korbgeflecht mit Folie ausgeschlagen, etwa 60 cm Ø
- 8–10 immergrüne Zwergkoniferen und Buchsbaum in Pflanztöpfen
- 30 x 70 cm Fichtenleimholz, 18 mm dick
- Etwa 10 kleine rote Kunstäpfel
- Zweige mit roten Beeren
- Orangefarbener Naturbast
- Blumenerde, Feiner Golddraht
- Rote, gelbe und schwarze Acrylfarbe
- Laub- oder Stichsäge, Schleifpapier
- Schneiderkopierpapier
- 4 lange Nägel

→ Vorlage Seite 79

SO WIRD'S GEMACHT

❶ **Entfernen Sie** die Töpfe von den Koniferen und Buchspflänzchen. Dann die Kranzform zu zwei Drittel mit Blumenerde füllen. Die Pflanzen arrangieren und einpflanzen. Die Erde gut festdrücken und sofort gießen.

> **TIPP**
> Irrtümlicherweise glauben viele im Winter, ihre Pflanzen wären erfroren, dabei benötigen sie nur etwas Wasser. Denken Sie also daran, die Koniferen und Buchspflänzchen bisweilen an frostfreien Tagen zu gießen.

> **TIPP**
> Anstelle von Pflanzen können Sie auch geschnittene Koniferen-, Thujen- und Buchszweige in die angedrückte Erde in den Kranz stecken. Achten Sie dabei darauf, dass die Höhen unterschiedlich sind. Ein Gesteck dieser Art hält in der kalten Jahreszeit im Freien mindestens zwei Monate. Wenn Sie Glück haben, schlagen die Buchszweige im Frühling sogar Wurzeln.

❷ **Binden Sie** etwa 20 cm lange Golddrähte in die Stiele der Äpfel. Anschließend verteilen Sie die Äpfel locker in den Zweigen und knoten sie mit dem Golddraht fest. Die Beerenzweige stecken Sie zwischen die Äste.

❸ **Übertragen Sie** die Form der Kerzen von der Vorlage mit Schneiderkopierpapier viermal auf das Fichtenleimholz. Die Holzkerzen anschließend aussägen und die Kanten mit Schleifpapier glätten. Dann bemalen Sie die Kerzen rot und die Flammen gelb mit rotem Rand. Die Farben gut trocknen lassen.

❹ **Nun malen Sie** den Docht in jeder Kerze mit schwarzer Farbe auf. Schlagen Sie je einen Nagel senkrecht von unten in den Kerzenboden, und stecken Sie die Kerzen mit dem Nageldorn gleichmäßig verteilt in den Kranz. Abschließend können Sie den Kranz mit einer orangefarbenen Bastschleife verzieren, die Sie vorn im Korb arrangieren.

Draht-Tannenbäumchen

Ob klassisch mit Tannenzweigen und roten Kugeln oder modern in filigraner Optik mit Topfkratzern geschmückt, dieses wetterfeste Bäumchen gefällt jedem.

MATERIAL

→ 1 Rolle Maschendraht
→ Etwa 15 Kugeltrauben aus Kunststoff in Lachs und Weinrot, glänzend und matt
→ Lichterkette für den Außenbereich mit etwa 50 Lämpchen
→ Fransenband in Rot, 4 m lang
→ 2 Bund Tannenzweige
→ Fester Draht, Drahtschere

SO WIRD'S GEMACHT

❶ **Schneiden Sie** aus dem Maschendraht zwei je 2 m lange Bahnen, und legen Sie diese entlang der Längskanten 10 cm breit übereinander. Fädeln Sie zum Verbinden der beiden Bahnen den festen Draht durch die Löcher beider Bahnen. Dann auf einer Längskante die Hälfte markieren und als Tüte um diesen Punkt herum aufdrehen. Die seitlichen Drahtenden in dem darunter liegenden Maschendraht einhaken. Damit der Baum steht, falten Sie die unteren Ränder des Maschendrahtes nach innen.

❷ **Wickeln Sie** die Lichterkette so um das Bäumchen, dass die mittlere Lampe an der Spitze liegt. Die Kette von hier beidseitig in Spiralen bis nach unten zum Boden führen.

❸ **Zerschneiden Sie** die Tannenzweige in etwa 10 bis 15 cm lange Ästchen. Deren Enden von unten nach oben in das Drahtgeflecht stecken, sodass sie den Maschendrahtbaum vollständig bedecken. Alle verdeckten Lämpchen unter den Zweigen hervorziehen. Abschließend hängen Sie die Kugeltrauben gleichmäßig verteilt ein und winden das Fransenband locker um den Baum herum.

TIPP

Stehen Sie mehr auf cooles Design, lassen Sie Tannenzweige, Kugeln und Fransenkette einfach weg. Stattdessen ziehen Sie einige Topfkratzer aus Metall auseinander und schneiden sie jeweils mehrmals quer durch – so erhalten Sie witzige Glitzerringe. Diese hängen Sie zwischen die Lämpchen auf den dekorativen Drahtbaum.

Grüße aus dem Winterwald

»Lasst uns froh und munter sein ...«, denn dieser wettergegerbte Nikolaus hat in seinem Sack ausreichend Platz für viele Geschenke. Seien Sie gespannt, was er für Sie dabeihat!

MATERIAL

→ 3-D-Gesichtsmaske aus Papier oder Kunststoff
→ Karton in DIN A4
→ Pappmachépulver
→ Acrylfarben in Hautfarben, Rot, Blau, Weiß und Schwarz
→ 2 Bund Naturbast
→ Roter Rupfen
→ 0,8 m langes Rundholz mit 0,5 cm Ø
→ Eimer oder Blumenkübel mit Sand oder Erde
→ 1,0 x 0,60 m Sackleinen
→ 1,5 m rot-weiß kariertes Schleifenband, 4 cm breit
→ Tannenzweige
→ Mehrere Päckchen mit Schleifen
→ Girlande mit Engeln und Herzen
→ Pinsel
→ Heißkleber

SO WIRD'S GEMACHT

❶ **Zeichnen Sie** den Umriss der Maske mit Bleistift auf den Karton, und schneiden Sie ihn aus. Dann die Maske mit Heißkleber auf den Karton kleben. Rühren Sie das Pappmachépulver nach Herstellerangaben an, und tragen Sie den Brei etwa 2 cm dick auf die Maske auf. Formen Sie Nase, Wangen und Augenbrauen wülstig aus. Auch die Augenlöcher der Maske vorsichtig mit dem Papierbrei füllen und die Augen gerundet ausformen. Dann alles trocknen lassen.

❷ **Nun bemalen Sie** das Gesicht mit Hautfarbe, die Wangen und Nase gestalten Sie leicht gerötet. Den Augapfel weiß malen. Nach dem Trocknen die Pupille schwarz und die Augen blau ausmalen. Die Augenränder umranden Sie in Schwarz.

❸ **Schneiden Sie** etwa 80 cm lange Bastfäden zu, und kleben Sie ein dickes Bündel davon als Bart unter die Nase. Außerdem auch lange Bastbündel neben den Augenbrauen und in Ohrenhöhe fixieren. Über den Augen einige kürzere Bastbüschel aufkleben. Dann formen Sie aus dem roten Rupfen eine Zipfelmütze, an deren Ende Sie eine gewickelte Bastkugel als Bommel kleben. Die Mütze an das Gesicht kleben.

❹ **Hinter der fertigen Maske** fixieren Sie das Rundholz. Anschließend stecken Sie das Rundholz in den Eimer oder den Blumenkübel. Dann das Sackleinen so um den Behälter legen, dass es am oberen Rand übersteht und unten mit dem Boden abschließt. Kleben Sie die Längskanten hinten übereinander, und klappen Sie den oberen überstehenden Rand nach unten um. Das karierte Schleifenband wird um den Sack herum und vorn zu einer Schleife gebunden.

❺ **Stecken Sie** hinter und neben den Nikolaus mehrere Tannenzweige in den Sand oder die Erde, und decken Sie die Topffüllung mit hübsch verpackten Geschenkpäckchen ab. Vorne wird der Sack abschließend mit einer Engelgirlande verziert.

Kranzpyramide

Das filigrane Gebilde wirkt sehr edel und ist ein echter Blickfang auf einer winterlichen Terrasse oder dem Balkon. Wer will, kann es sich auch ins Wohnzimmer holen.

MATERIAL

→ Tannenkranz mit 50 cm Ø
→ Buchskranz mit 30 cm Ø
→ Mooskranz mit 20 cm Ø
→ 3 Rundhölzer, 1 m lang mit 0,5 cm Ø
→ 3 je 1 m lange Drahtbänder mit Perlen
→ Goldene Christbaumkugeln aus Kunststoff in matt und glänzend
→ Wetterfeste Dekosterne in Gold-Weiß
→ Goldfarbener Stern aus Draht
→ Goldfarbener Acryllack, Pinsel
→ 3 Nägel, Hammer
→ Feiner Golddraht

SO WIRD'S GEMACHT

❶ **Lackieren Sie** die Rundhölzer mit dem goldfarbenen Acryllack, und schlagen Sie nach dem Trocknen je einen Nagel in das Ende eines Rundholzes ein.

❷ **Legen Sie** den Tannenkranz auf den Boden, und stecken Sie die Nägel der Rundhölzer senkrecht in den Kranz. Die Einsteckpunkte bilden dabei ein Dreieck. Die Rundhölzer oben mittig über dem Kranz zusammenfassen und mit Golddraht umwickeln.

❸ **Nun schieben Sie** zuerst den Buchskranz und danach den Mooskranz waagerecht über die Rundhölzer. Durch die Schräge bleiben die Kränze in einer bestimmten Höhe hängen, Sie müssen sie nur noch waagerecht ausrichten.

❹ **Bündeln Sie** jeweils zwei bis vier verschiedene Kugeln mit einem Golddraht. Einige Kugelbündel, die in der Spitze der Pryramide aufgehängt werden und in der Mitte der Kränze lang herunterhängen, benötigen jeweils einen etwa 80 cm langen Draht. Knoten Sie diese Kugelbündel in gestaffelten Längen in die Pyramidenspitze. Die übrigen Kugelbündel fixieren Sie mit dem Draht auf den Kränzen.

❺ **Nun hängen und legen Sie** die Dekosterne mit Draht an und auf die Kränze. Jeweils ein Ende der Perlendrahtbänder wird oben an der Spitze der Rundhölzer fixiert. Dann außen an den Kränzen bis auf den Boden herabhängen lassen. Zum Schluss legen Sie einen goldenen Stern aus Draht in die Mitte des Tannenkranzes.

TIPP

Natürlich können Sie die Kränze auch selber binden. Dafür benötigen Sie je einen Strohkranz mit 40, 20 und 15 cm Durchmesser, außerdem je 1 Bund Tannen- und Buchszweige sowie etwa 5 Stücke Plattenmoos. Die Zweige werden in etwa 8 cm lange Ästchen geschnitten, schuppenartig über die beiden größeren Kränze gelegt und mit Bindedraht festgebunden. Das Plattenmoos in Stücke reißen und dicht aneinander mit Bindedraht um den kleinsten Strohkranz binden.

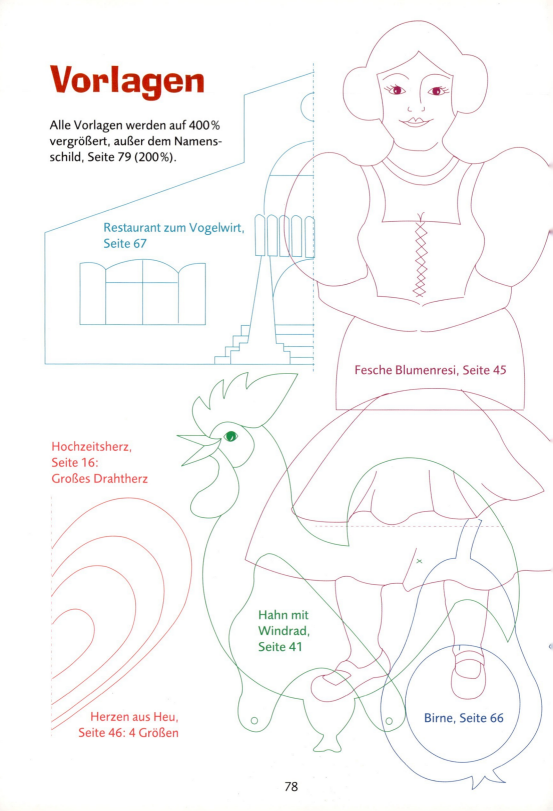

Vorlagen

Alle Vorlagen werden auf 400 % vergrößert, außer dem Namensschild, Seite 79 (200 %).

Restaurant zum Vogelwirt, Seite 67

Fesche Blumenresi, Seite 45

Hochzeitsherz, Seite 16: Großes Drahtherz

Hahn mit Windrad, Seite 41

Birne, Seite 66

Herzen aus Heu, Seite 46: 4 Größen

Stichwortverzeichnis

A
Adventskranz 71
Asia-Look 26

B
Besen 54
Birkennest 14
Blumenampel 43
Briefkasten 18
Briefträger 18

C
Clematisranken-
 herz 53

E/F
Erntekrone 57
Füllhorn 25

G/H
Gartenkugeln 27
Gärtner 36
Gemüsebogen 50
Girlande 4
Glitzerketten 61
Halloween 58
Herz 17, 30, 47
Heuherzen 47

K
Kerzengesteck 71
Kürbistopf 60

L/M/N
Lampe 22
Laterne 64
Maibaum 28

Mini-Teich 23
Moos-Füllhorn 25
Nikolaus 75

O/P
Osterhase 13
Osterkrone 9
Palmstock 10

R/S
Rankkugeln 68
Rosetten arbeiten
 21
Rutengesteck 63
Serviettentechnik 27
Sommergesteck 31
Storch 21
Stuhl 48

T
Tannenbaum 72
Teich 23

U/V
Übertöpfe 35
Vogelfutter 66 f.
Vogelscheuche 32
Vogeltränke 39
Vorlagen 78, 79

W/Z
Weihnachtskorb 69
Weihnachtspyramide
 76
Wind 7, 40
Zaunlattenfigur 18,
 36, 51

Über dieses Buch

Die Autorin
Heidi Grund-Thorpe, Grafikerin, Designerin und Lehrerin, arbeitet seit Jahren im Kreativbereich und hat bereits zahlreiche Bücher zu gestalterischen Themen veröffentlicht.

Die Fotografin
Inge Ofenstein ist seit Jahren als Fotografin im Bereich Werbung und Verlag tätig. Ihre Fotoarbeiten wurden durch die Teilnahme bei der Expo 1998 als Mitglied der Künstlergruppe »Manna – Kunst für das Volk« ausgezeichnet.

Danksagung
Ein herzliches Dankeschön gilt den **Mitarbeitern des Botanischen Gartens, Augsburg**, die uns ihre Anlagen zur Fotografie des Umschlagbildes zur Verfügung gestellt haben. Wir bedanken uns zudem bei Marianne Absmeier, Sabine Lutz und Anni Platz für ihre Unterstützung.

Haftungsausschluss
Die Inhalte dieses Buches sind sorgfältig recherchiert und erarbeitet worden. Dennoch kann weder die Autorin noch der Verlag für die Angaben in diesem Buch eine Haftung übernehmen.

Bildnachweis
Alle Abbildungen: Inge Ofenstein, München

Impressum
Es ist nicht gestattet, Abbildungen und Texte dieses Buches zu digitalisieren, auf digitalen Medien zu speichern oder einzeln oder zusammen mit anderen Bildvorlagen/Texten zu manipulieren, es sei denn mit schriftlicher Genehmigung des Verlages.

Weltbild Buchverlag -Originalausgaben-
© 2005 Verlagsgruppe Weltbild GmbH,
Steinerne Furt 67, 86167 Augsburg
Vollständig überarbeitete Neuausgabe 2006
Alle Rechte vorbehalten

Projektleitung: Julia Kotzschmar
Redaktion: Ursula Huber
Umschlagfotografie: Inge Ofenstein, München
Umschlaggestaltung und Innenlayout: X-Design, München
Satz: AVAK Publikationsdesign, München
Reproduktion: Point of Media GmbH, Augsburg
Druck und Bindung: Offizin Andersen Nexö Leipzig GmbH, Spenglerallee 26–30, 04442 Zwenkau

Gedruckt auf chlorfrei gebleichtem Papier

Printed in Germany

ISBN 3-89897-365-4